한국현대사 1

해방과 분단, 그리고 전쟁

한국역사연구회시대사총서 09

한국현대사 ①

해방과 분단, 그리고 전쟁

정병준 · 정용욱 · 김광운 · 정창현 · 안김정애 · 기광서 · 정진아 · 김보영 · 노영기 · 김수자 · 양영조

푸른역사

절망과 희망이 교차하던 격동의 1980년대, 그 끝자락인 1988
년 가을, 300여 명의 소장 학자들이 '과학적·실천적 역사학'의 수립을
통해 한국 사회의 민주화와 자주화에 기여하기 위해 창립한 한국역사
연구회는 이제 700여 명의 학자들이 참여하는, 명실상부하게 한국 역
사학계를 대표하는 학회로 성장했다.

그동안 연구회는 공동연구라는 새로운 연구 방식을 통해 130여 회
가 넘는 연구 발표회를 가졌으며 50여 권의 학술서와 대중 역사서를
간행했다. 《한국역사》, 《한국사강의》 등의 통사를 발간해 한국사를 체
계화하고 《한국역사입문》 등의 연구입문서를 출간해 해방 이후 학계
의 연구 성과들을 정리했으며, 《1894년 농민전쟁연구》, 《한국현대
사》, 《역주 여말선초 금석문》 등 전문 연구서와 자료집을 발간해 한국
사 연구에 기여했다.

또한 《조선시대 사람들은 어떻게 살았을까》를 시작으로 전 시대에

걸쳐 '어떻게 살았을까' 시리즈를 발간함으로써 생활사 연구와 역사 대중화에 기여했으며, 회지《역사와 현실》은 다양한 기획과 편집으로 인문학 분야 학술지의 새로운 전형을 만들어냈다.

이제 연구회가 창립된 지도 한 세대가 지났다. 그동안 세계뿐만 아니라 한국 사회도 크게 변화했으며 학계에도 적지 않은 변화가 있었다. 연구 경향도 이전의 운동사·사회경제사 중심에서 문화사·생활사·미시사로, 그리고 최근에는 생태환경사·개념사·관계사에 이르기까지 사고와 연구의 폭을 넓혀 나가고 있다. 아울러 연구 대상 시기와 학문 간의 벽을 허무는 학제 간 연구도 활발하게 이루어지고 있다.

역사는 '현재와 과거의 대화'라고 했다. 현재의 입장에서 과거를 고찰하고 그를 바탕으로 미래를 전망하는 것이다. 역사가는 이를 이루기 위해 역사를 부단히 새로 써야 한다. 이러한 취지에서 한국역사연구회는 새로운 시각에서 한국 역사를 고대부터 현대까지 시대별로 조망해 보는 '시대사'를 발간하고자 한다.

시대사를 편찬하자는 이야기는 통사인《한국역사》를 간행하고 나서부터 줄곧 나왔으나 구체적인 편찬 작업에 들어간 것은 2002년부터였다. 이후 '시대사 편찬위원회'를 구성하여 집필 원칙과 편찬 일정을 정하고 고대·고려·조선·근대·현대 등 각 시대별로 팀을 만들어 기획안을 마련하고 그에 맞는 필자를 선정하여 집필에 들어갔다. 또한 들어온 원고들은 팀별로 수차례의 검토와 수정 과정을 거쳤으며 그 과정에서 열띤 토론이 벌어지기도 했다.

60명에 가까운 필자들이 참가하여 공동 작업으로 열 권의 책을 만들어내는 일은 지난한 과정이었다. 다양한 필자들의 의견을 조율하고 모으는 작업부터 집필된 원고를 꼼꼼하게 검토하고 수정하는 작업과, 완성된 원고가 출판사에 넘어가 출판하는 작업에 이르기까지, 우여곡절이 없지 않았다.

　　연구회 창립 이듬해인 1989년 '베를린 장벽의 붕괴'가 상징하듯이 세계는 동구 사회주의 국가들의 개혁과 개방으로 냉전이 종식되면서 체제와 이념의 대립보다는 화해와 교류의 방향으로 나아가며 21세기를 맞이했다. 한반도도 1998년 '현대 정주영회장의 소떼 방북'과 2000년 남북정상회담을 계기로 남과 북이 화해와 교류·협력의 방향으로 나아갔다.

　　그러나 21세기도 15년이 지난 지금, 세계는 다시 대립으로 치닫고 있다. 이스라엘과 팔레스타인의 분쟁, 미국과 알카에다 등 이슬람 진영과의 대립, 시리아 내전과 이슬람국가IS의 등장 등 중동 내부의 갈등과 분쟁, 러시아와 우크라이나의 분쟁 등이 계속되고 있고, 동북아시아에서도 역사 갈등과 영토 분쟁이 치열하게 전개되고 있다. 이전과 차이가 있다면 이념 대립보다는 종교·문명 대립의 성격이 크다는 것이다.

　　그렇다면 한국 사회는 어떠한가. 안타깝게도 한국 사회는 시대착오적인 이념과 지역 갈등이 여전한 가운데 신자유주의로 인한 경제적·사회적 양극화가 빠르게 진행되며 세대와 계층 갈등까지 심화되고 있다. 그리고 천박한 자본주의의 이윤 논리와 정치와 사회 간에 부정부패의 사슬에 의해 일상생활의 안전까지도·위협받고 있다.

　인간에 대한 예의와 배려가 사라진 사회, 국가가 책임져야 할 안전과 복지도 국민 스스로 해결해야만 하는 사회, 정의는 실종되고 신뢰와 희망 대신 불신과 체념만이 가득 찬 사회에서 과연 역사학은 어떠한 역할을 할 수 있을 것인가? 책을 낸다는 기쁨보다는 역사학자로서의 책임감이 더 무겁게 다가온다. 이 '시대사' 시리즈가 한국 역사의 체계화에 기여하고 독자들에게는 험난한 세상을 헤쳐 나가는 데 조그마한 도움이 되었으면 하는 바람이 간절하다.

　그동안 시대사를 기획하고 집필과 교열에 참여해 준 연구회원 여러분에게 진심으로 감사드린다. 아울러 책이 나오기까지 지원을 아끼지 않고 인내를 가지고 기다려 주신 푸른역사의 박혜숙 사장님, 규모와 격조 있는 책으로 만들어 주신 편집부 여러분에게 진심어린 감사의 말씀을 드린다.

2015년 5월

한국역사연구회

한반도에서 대전환의 역사가 전개되기 시작됐다. 대전환의 서막은 2016년 10월 점화된 '촛불항쟁'이었다. 2만 명에서 시작했던 촛불집회 참가자는 2017년 3월 10일 20차 집회까지 누적 기준으로 1600만 명을 돌파했다. 촛불집회는 장기간 이어진 대규모 집회임에도 단 한 건의 폭력사태도 일어나지 않는 등 유례없는 비폭력·평화집회로 우리나라 민주주의의 새로운 역사를 썼다. 마침내 헌법재판소는 2017년 3월 10일 오전 11시 21분 대통령 탄핵심판 선고에서 "피청구인 대통령 박근혜를 파면한다"는 주문을 확정했다. 현직 대통령 파면은 대한민국 헌정사에서 최초의 일대사건이었다.

그리고 촛불항쟁의 힘으로 문재인 정부가 등장했고, '촛불항쟁'의 거대한 파도는 곧바로 평화와 통일문제로 흐름이 이어졌다. 두 차례의 남북정상회담, 역사적인 첫 북미정상회담은 역사의 대전환이 새로운 단계에 들어섰다는 것을 보여줬다. 과거 1960년대 4월혁명 시기,

1970~80년대 민주화운동 시기의 역사적 경험에서 알 수 있듯이 민주화와 통일 문제가 함께 갈 수밖에 없는 것은 한국현대사에서 나타나는 가장 중요한 특징이었다.

현대사는 지금으로부터 가장 가까운 시기의 역사이며, 동시에 진행 중인 역사다. 일반적으로 학계에서는 1945년을 현대사의 기점으로 보고 있다. 일본의 식민지로부터 해방이 되면서 동시에 분단과 열전, 그리고 냉전이라는 새로운 시대를 열었기 때문이다. 이러한 1945년 이후의 역사는 그 이전의 역사와는 구분되는 성격을 갖고 있다. 1945년 이후 한반도는 냉전의 최전선이 되었고, 한국전쟁은 세계사적 차원에서 냉전의 시작을 알리는 시점이 되었다. 따라서 1945년을 현대사의 기점으로 하는 것은 세계사와 한국사를 서로 연결시키면서 한국현대사를 세계현대사의 보편적 흐름에 연결시키고자 하는 학계의 문제의식을 담고 있다.

북한의 역사학계도 처음에는 현대사의 시점을 1945년에 맞추었고, 이러한 흐름은 1960년대까지 계속되었다. 그러나 주체사관이 등장하면서 북한의 시대구분, 특히 현대사의 기점은 변하게 되었다. 주체사관에서는 '영도자'의 역할을 강조하면서 현대사의 시점을 김일성 주석이 독립운동을 시작한 1926년 '타도제국주의동맹'의 결성에 맞추었다. 북한의 역사학계는 현대사를 항일혁명투쟁사(1926~45), 민주건설사(1945~1950. 6), 조국해방전쟁사(1950. 6~1953) 및 사회주의건설사(1953~)로 시기구분하고 있다.

반면 남한 학계에서는 대략 10년 단위로 시기를 구분하고 있다. 이는 10년 단위로 정권의 교체와 사회적 변화가 일어나고 있기 때문이다. 단지 시기구분을 정부의 교체에 두느냐, 아니면 사회적 변화를 강조하는가에 따라 시기구분의 강조점이 달라지고 있다. 예컨대 이승만 정부에서부터 문재인 정부에 이르기까지 정부의 교체에 강조를 두는 경우도 있고, 민주주의의 발전 과정에 따라 각 시기마다 정권 교체를 불러온 혁명이나 항쟁을 중심으로 시기를 구분하기도 한다. 일반적으로는 항쟁과 정부 교체의 시기가 서로 맞물리는 경우가 많기 때문에 이를 섞어서 시기를 구분하고 있고, 이 책에서 그러한 일반적 사례에 따랐다.

한국현대사의 첫 시기는 광복(해방)부터 한국전쟁까지의 8년사로 현대사를 압도적으로 규정하는 분단이 형성되고 고착화된 때다. 이 시기는 해방된 후 미국과 소련이 38선을 사이에 두고 진주한 국제적 규정력 속에서 자주적으로 민족통일국가를 수립하려고 시도했으나 남북분단으로 귀결되고, 남북분단이 전쟁으로까지 치달은 희망과 좌절의 시기였다. 이러한 시기적 특성을 고려해 당시의 국제적 환경, 다양한 정치세력과 통일국가 수립을 위한 민중의 노력, 분단과 전쟁의 원인 등을 서술하려고 했다.

두 번째 시기는 남과 북으로 분단돼 자본주의와 사회주의체제로 변화돼 성장, 발전, 변화의 길을 걸은 때다. 전쟁을 거친 후 평화나 통일이 아닌 대결과 체제 경쟁이 지속되는 가운데 남과 북은 서로 다른 가

치관과 사회구조를 형성했다. 남한에서는 1인 독재와 군사독재가 장기간 유지되는 가운데 1960년의 4월혁명, 1964년 6·3항쟁, 1970~80년대 반독재민주화운동으로 이어지는 대중운동을 통해 민주주의가 뿌리를 내렸고, 2017년의 촛불항쟁을 통해 한 단계 성숙한 민주주의로 나갈 수 있는 기반을 마련했다.

반면 북한에서는 김일성-김정일-김정은으로 이어지는 장기집권 체제가 이어지면서 국제정세의 변화에 제대로 대응하지 못하는 한계를 드러냈고, 1990년대에 들어와 '고난의 행군'이라는 최악의 경제난을 겪은 후 개발과 개방의 길을 모색하고 있다.

남과 북은 2000년 첫 남북정상회담에서 6·15공동선언을 발표하고, 2007년 두 번째 남북정상회담에서 10·4선언에 합의해 화해와 협력 단계로 들어섰고, 이후 다시 나타난 10여 년의 남북 간 대결 시대를 극복하면서 2018년 4월 '판문점선언'을 통해 새로운 시대를 열어가기 위한 초석을 다지고 있다.

남과 북의 현대사에 대한 연구는 10여 년 전에 비해 일취월장했다. 연구자나 연구 성과의 양과 질에서 모두 이전보다 많은 발전을 보였다. 특히 최근에는 사회사와 문화사, 그리고 생활사 분야에서 많은 성장을 이룩했다. 이 과정에서 역사 연구자뿐만 아니라 문학, 사회학, 인류학 연구자들의 역할이 중요했다. 이러한 연구 성과들을 모두 포괄하지 못했다는 점은 이 책의 한계가 될 수 있지만, 일부 중요한 내용들은 포괄하기 위해 노력했으며, 앞으로 지속적인 증보를 통해 독자들의 기대에 부응하려고 한다.

　이 책이 남과 북의 현대사 흐름을 민주주의 발전과 분단, 대결을 극복하는 과정으로 이해하고, 대전환이 진행되고 있는 현재와 미래를 진단하는 데 조금이나마 도움이 되었으면 하는 바람이다.

2018년 8월

저자 일동

차례

일본의 패전과 함께 한국은 해방되었다. 국내외 독립운동세력들은 결정적 시기를 맞아 결정적 투쟁을 벌이려 시도했다. 해방 후 한국의 지위를 둘러싼 연합국과 한국인의 인식 차이는 명백했다. 2차 세계대전기 연합국은 카이로선언을 통해 한국의 자유와 독립 회복을 약속했지만, 자치능력이 없다고 판단해 다자간 국제신탁통치를 대안으로 선택했다. 한국인들은 즉시독립의 자격과 능력이 있다고 생각하고 임시정부와 건국준비위원회 등을 통해 이를 실현하려 했다. 연합국의 38선 설정은 군사적 편의와 정책적 목적이 강화된 것이었고, 한반도에 미소, 남북, 좌우라는 3층위의 갈등구조를 불러왔다. 건국준비위원회는 자주정부 수립을 위한 정치공간을 확보했으며, 한국인들에게 자유로운 정치공간을 열어주었다. 미소의 점령과 군정이 실시되었다. 미소는 우호적 정권 수립을 시도했는데, 미국은 국제적 우위를, 소련은 국내적 우위를 정책적 지렛대로 활용했다. 미소 대립과 남북 분단, 좌우의 사상적 대립 속에 민족적·계급적 갈등이라는 일제의 유산, 친일파 청산과 애국자들의 귀향이 결합되면서 한국정치는 폭발성을 띠게 되었다.

해방과 자주적
국가 건설 운동

태평양전쟁기 한반도:
국외, 국내, 연합국, 일본의 대응

국내외 독립운동세력의 동향

1941년 태평양전쟁의 발발은 독립을 염원하는 한국인들에게 해방의 청신호로 받아들여졌다. 1943년 스탈린그라드 공방전에서 소련이 승리하고 1942년 미드웨이 해전에서 미국이 승리하자 이제 일본의 패전은 목전에 당도했고, 한국이 해방·독립될 것이라는 예상이 가능해졌다. 일제 패망과 한국 독립의 결정적 시기가 도래했다는 확신은 국내외 독립운동세력에게 공통된 것이었다. 진주만 공습과 필리핀·인도차이나 진출 등 일본의 태평양전쟁 초기 연전연승은 한편으로 유력한 한인 운동가, 정치·사상범들의 대량 전향·변절·부일협력을 불러왔지만, 다른 한편으로 일제의 패망과 한국 독립이 임박했다는 희망과 확신을 낳았다. 결국 독립에 대한 신념과 정세를 보는 눈이 정치적 입장을 갈랐다. 1937년 이후 양극화된 친일·부일협력자와 적극적 독립운동가들의 간극은 해방 후 정치적 폭발의 내적 진앙이 되었다.

한국인들은 일제의 강제병합 이후 끈질기고 강인하게 독립을 쟁취하려는 노력을 지속했고, 태평양전쟁 말기에는 중국 충칭, 옌안, 소련하바로프스크 부근, 미국 워싱턴 D.C. 등에 독립운동 조직을 갖고 있었다. 이들은 각각 정치 조직과 군사 조직을 운영하고 있었다. 한국현대사에 큰 영향을 끼친 김구의 대한민국임시정부, 김두봉의 조선독립동맹, 김일성의 빨치산그룹, 이승만의 주미외교위원부 등이 바로 그것이었다. 국외의 정치·군사 조직들은 연합국의 후원 속에 국내 진공을 모색 중이었다. 중국 시안 등에서는 임시정부·광복군이 미국의 특수정보기관인 OSS(전략첩보국)와 합작해 낙하산을 타고 국내에 침투해 첩보활동을 벌인다는 독수리작전Eagle Project을 준비 중이었고, 옌안에서는 조선독립동맹·조선의용군이 중국공산당의 후원 하에 정치·군사활동을 준비 중이었다. 소련령 극동에서는 김일성 등 빨치산그룹이 소련88저격여단(동북항일연군 교도려)에서 첩보·군사훈련을 받고 있었다. 미국 서부해안에서는 재미한인, 일본군포로, 탈주학병 등이 OSS의 요원으로 잠수함을 타고 한반도 서부해안으로 침투해 첩보·특수활동을 벌이는 냅코작전Napko Project에 동참하고 있었다.

국내에서는 1940년대 초반 박헌영의 경성콤그룹이 도시 무장폭동 등을 계획했고, 1944~45년간 여운형의 조선건국동맹은 노농군을 구상·준비해 국외의 무장부대가 국내로 진공할 때 도시폭동을 함께 벌인다는 계획을 갖고 있었다. 또한 미·소·중 연합국의 대일공격 개시와 함께 무장봉기를 구상하던 다양한 비밀결사 그룹들이 속출했다. 특히 일제의 패망과 한국의 독립이라는 결정적 시기가 임박했다는 정세판단 하에 국외의 임시정부·독립동맹·빨치산과 국내의 건국동맹 등은 긴밀한 연락·연대를 모색하고 있었다. 평범한 한국인들에게 1945년 8월 15일 일본의 패망은 충격적이고 돌발적인 사태였지만, 국내외 독립운동세력에게는 예견된 미래의 실현이었다.

연합국의 대한 정책

1943년 12월 1일 미국, 소련, 영국, 중국 등 연합4대국은 카이로회담의 결과를 발표하며 '한국인들의 노예상태'에 주목해 '적절한 시기에in due course' 독립과 자유를 회복시키겠다고 공약했다. 수많은 식민지 가운데 독립이 보증된 국가는 한국뿐이었지만, 이것이 즉시독립을 의미하는 것은 아니었다. 카이로선언의 함의는 크게 세 가지였다. 첫째, 한국을 독립시키겠다는 공약은 장제스의 강력한 주장에 힘입은 것이었고, 그 배경에는 중국 내에서 오랫동안 투쟁했던 임시정부를 비롯한 한국독립운동세력의 노력이 자리했다. 둘째, '적절한 시기'는 즉시독립이 아니라 장기간의 신탁통치를 거쳐야 한다는 루스벨트 Franklin Roosevelt의 신념을 반영한 것이었다. 즉 한국은 미국의 구상인 신탁통치와 중국의 주장인 즉시독립의 타협안으로 '적절한 시기'에 독립할 국가로 지목되었다. 셋째, 카이로선언은 한국의 현재 좌표가 '노예상태'에 있다고 규정했다. 이는 일본의 가혹한 통치를 표현한 것이었지만, 다른 한편으로 한국인들이 오랜 기간 식민지 노예상태였던 터라 민주적 훈련이 결여되어 있고 자치정부 수립·운영능력이 없다는 연합국의 대한관을 반영하는 것이기도 했다.

한국인들은 자신들이 5천 년의 역사와 문화적 전통을 계승했다고 믿고 있었다. 오랜 왕국의 역사, 중앙집권적 관료제의 질서, 문화적 자부심을 간직한 3천만의 한국인들은 즉각적 독립을 기대했다. 그러나 한국인들의 이러한 확신과 경험은 인정되지 않았다. 연합국에게

카이로회담 왼쪽부터 장제스, 루스벨트, 처칠. 1943년 11월 27일
개최된 이 회담에서는 대일전에서의 협력과 일본 영토 문제가 논
의·결정되었다. 특히 이 회담에서 주목할 부분은 한국의 자유와
독립을 회복시키겠다고 한 사실이다.

한국은 식민지에서 해방될 '신생 국가'의 예비후보 가운데 하나에 불과했다. 한국의 자치능력과 전후 지위에 대한 이러한 인식의 차이는 해방 후 정치적 대폭발의 외적 진앙이 되었다.

미국은 한반도에 대한 신탁통치를 공식 대한 정책으로 상정했다. 이는 루스벨트 대통령의 구상이자 신념이었다. 그는 1차 세계대전기 우드로 윌슨Woodrow Wilson의 위임통치론을 계승한 다자간 국제신탁통치계획을 통해 2차 세계대전 후 패전국 식민지를 처리한다는 계획을 수립했다.

소련은 한반도가 오랜 식민통치와 계급적 착취로 인한 민족적 갈등과 계급적 대립이 혁명적 정세를 빚어내고 있다고 판단했으며, 외세의 간섭이 없다면 자연스레 친소·좌파적 정부가 수립될 것이라 예상했다. 1945년 2월 얄타회담에서 루스벨트는 필리핀처럼 한국에도 20~30년간의 신탁통치가 필요하다고 주장했지만 스탈린은 한국의 즉시독립을 선호한다고 답변했다.

연합국의 전시 대한공약은 1943년 12월 카이로선언으로 공표되었지만, 1945년 2월 얄타회담과 1945년 7월 포츠담회담에서 구체적인 합의에는 도달하지 못했다. 얄타회담에서 소련의 대일전 참가의 대가로 여순·대련항 및 만주철도의 이권, 사할린과 남부 쿠릴에 대한 영토적 할양이 약속되었지만, 마지막 전시회담이었던 포츠담회담에서 원자폭탄의 개발로 미국의 단독 일본 점령이 가시화되자 외교적 합의가 지연되었다.

해방 전야와
해방 직후

일본의 패전과 총독부의 공작

일본은 1945년 8월 13일 포츠담선언의 수락과 일본군의 무조건 항복에 동의했다. 이 소식은 즉각 조선총독부에 전달되었고, 총독부는 패전 후 대책 수립에 골몰했다. 포츠담선언에서 전후 일본의 영토가 주요 4개 섬과 연합국이 결정할 일본에 인접한 작은 섬들에 국한한다고 했으므로, 한국이 일본령에서 배제될 것은 명백했다.

총독부의 종전 대책의 초점은 치안 유지였다. 패전 후 발생할지도 모를 폭동·방화·살인·약탈 등 무정부상태의 방지와 일본인의 생명·재산 보호가 필요했다. 요체는 패전 소식이 전해진 직후 한국인 청년·학생·노동자와 반일적 움직임을 어떻게 통제하는가에 달려 있었다. 군대, 헌병, 경찰 등 물리력을 동원해 한국인들의 움직임을 진압할 수 있지만, 흥분된 상태에서의 무력 사용은 더 큰 발발과 참사를 빚어낼 가능성이 컸다. 또한 패전한 상황에서 군사력을 동원한다는 것 역시 적절한 선택지가 아니었다. 총독부는 진주할 연합군에게 항복할 때까지 치안 유지를 위해 한국인 청년·학생들에게 영향력을 행사할 수 있으며, 반일적이지만 총독부와 합리적으로 의사소통이 가능한 인물들에게 협력을 요청하기로 결정했다.

조선총독부는 중도 좌파의 여운형(1886~1947)과 우파의 송진우(1890~1945)를 선택했다. 해방 후 조선건국준비위원회·조선인민공화

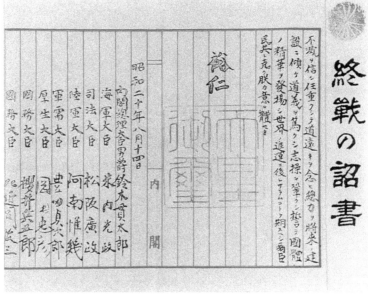

일본의 무조건 항복 1945년 9월 2일, 미조리 함상에서 항복문서에 서명하는 일본 대표와 일본 천왕이 발표한 종전조서.

국의 지도자가 된 여운형과 한국민주당의 수석총무가 된 송진우는 국내 좌우파의 대표적 인물이었고, 이미 1930년대 대표적 신문사 사장을 지낸 라이벌이었다. 여운형에게는 정무총감 엔도 류사쿠遠藤柳作가, 송진우에게는 경찰이 접근했다.

여운형은 정치범의 석방, 식량의 확보, 치안유지 협조, 자율권 인정 등 5개 조건을 제시하며 총독부의 치안 유지에 협력하기로 결정했다. 이미 조선건국동맹을 조직하는 등 1943년 이래 해방·건국을 조직적으로 준비하고 있던 여운형은 해방 후 벌어질 정치·사회적 혼란을 극복하고 한국인들의 주체적 정치공간을 확보하기 위해서는 총독부의 제안을 수락하는 것이 필요하다고 판단했다. 건국동맹이라는 조직명에서 드러나듯 여운형은 일제의 패망과 한국의 해방을 기정사실로 전제한 후 다음 단계인 건국 준비를 자신의 임무로 삼고 있었다. 예견된 해방, 준비된 대책이었다.

한편 조선총독부 경무국은 동아일보·보성전문그룹의 송진우에게 접근했다. 송진우는 건강상의 이유를 내세워 이를 거절했다. 훗날 한민당은 송진우가 일제의 친일정부 수립 제안을 거절했으며, 이는 충칭에 있는 임시정부의 귀국을 염두에 두고 있었기 때문이라고 주장했다. 그러나 송진우 그룹은 일제 말 소극적으로 협력하거나 은둔·침묵한 상태였으며, 적극적 항일의지나 조직적 해방 준비 작업과는 거리가 있었다. 해방 후 건국준비위원회(이하 건준)가 정국을 주도하자 한민당은 여운형이 총독부의 후원 하에 친일정부 수립을 시도했다고 비난했다.

그런데 조선총독부가 원한 것은 한인정부 수립이 아니라 연합군이

여운형(우)과 송진우(좌) 사회사업가 최송설당 자택을 방문한 여운형과 송진우(1935). 조선총독부는 연합국의 진주 시까지 조선의 치안 유지를 중도 좌파의 여운형과 우파의 송진우에게 맡기려 했으나 송진우는 거부했다. 조선총독부가 원한 것은 한인정부 수립이 아니라 연합군 진주 전 과도 시기의 치안 유지 협조였다. 여운형과 송진우는 당시 국내 좌우파의 대표적 인물로서 여운형은 해방 후 조선건국준비위원회, 조선인민공화국의 지도자가 되었고, 송진우는 한국민주당의 수석총무가 되었다.

진주하기 직전 과도적 시기의 치안 유지 협조였다. 일본 정부와 조선 총독부가 패전의 결과 항복해야 할 대상은 연합국이었다. 총독부는 한국인에게 통치권·행정권을 이양할 계획이나 권한이 전혀 없었으므로 여운형에게 치안 유지에 관한 협조를 요청했을 뿐이다. 일본은 비록 패전했지만 한반도에 영향력을 계속 행사하기를 원했고, 여러 종류의 전후 공작을 기획했다. 건준에 대한 지원·통제가 양지의 것이었다면, 8월 16~17일간 전국 주요 역에서 벌어진 소련군 진주 소동, 김계조의 댄스홀 사건 등은 음지에서 벌어진 공작이었다.

건준 조직되다

총독부의 구상과 여운형의 판단은 현격한 차이가 있었다. 주한미군사HUSAFIK는 조선총독부가 치안 유지를 위해 여운형과 협의해 건국준비위원회를 만들었으나, 이 조직은 탄생하자마자 총독부가 통제할 수 없는 '프랑켄슈타인과 같은 괴물'이 되었다고 평가했다. 건준은 총독부가 아닌 한국인들의 이익을 위해 활동하기 시작했던 것이다.

치안 유지, 식량 확보 등을 위해 조선총독부는 건국준비위원회가 필요로 하는 재정적 지원과 협력을 제공했으며, 이는 훗날 정치적 논쟁의 빌미가 되었다. 조선총독부와의 타협 속에 여운형을 위원장, 안재홍(1891~1965)을 부위원장으로 하는 건국준비위원회가 1945년 8월 15일 출범했다. 건준의 중심인물들은 건국동맹원들과 여운형의 인맥들이었다.

1945년 8월 15일 정오, 일본 천황 히로히토의 연설이 방송을 통해 흘러나왔다. 엎드린 한국인들은 궁정에서 쓰는 일본어를 전부 알아듣

해방 서울 풍경 1945년 8월 16일 서울역 광장.

지는 못했지만, 한 가지는 명확했다. 일본은 패망하고 한국은 해방되었다. 그러나 8월 15일의 서울은 고요했다. 히로시마에서 폭사한 의친왕의 아들 이우의 장례식이 이날 오후 평온하게 거행되었다. 서울 시민들이 거리에 쏟아져 나와 해방의 감격을 토로한 것은 서대문형무소에서 독립투사들이 풀려나 종로로 행진한 8월 16일에 이르러서였다. 전국 형무소에서 석방된 정치범들은 한국인들에게 해방의 실체를 확인시켜주는 증거이자 해방의 폭발성을 가열시킨 인적 원천이 되었다. 일제 지배 수십 년의 기억은 하루 아침에 전도되었다.

이날 오후 휘문중학교에 운집한 5,000여 명의 한국인들은 건준 위원장 여운형의 연설을 들으며 해방을 실감했다. 경축대회를 열던 한국인들은 소련군이 진주한다는 소문을 듣고 경성역으로 달려 나갔고, 안재홍은 이날 오후 세 차례에 걸쳐 라디오를 통해 한국이 해방되었으며 각 지방마다 건국을 준비하기 위한 건준 지부를 결성하라고 방송했다. 안재홍의 방송 이후 전국에서 8월 17~18일간 서울과 같은 해방 축하 집회가 개최되고, 건준 지부가 조직되기 시작했다.

그런데 안재홍은 해방된 민족으로서 패전한 일본인들에 대한 아량과 관용을 당부했다. 고통의 기억은 선연했지만, 인내와 자중이 요청되었다. 일제의 패망과 한국인들이 주인이 되는 새로운 시대의 개막이라는 면에서는 단절성이 명백했지만, 해방공간이 여전히 일본의 영향력과 유산으로부터 자유로울 수 없는 시대였다는 점에서는 연속성이 두드러졌다.

평양과 서북 지방에서는 일본 통치의 정신적 상징인 신사가 불탔으며, 관공서에 대한 방화와 악질 친일파에 대한 공격이 있었다. 상대

안재홍 해방된 다음날 군중 앞에서 연설하는 안재홍 건준 부위원장. 안재홍은 세 차례 라디오 방송을 통해 한국이 해방되었고 각 지방마다 건국 준비를 위한 건준 지부를 결성하라고 말했다.

적으로 남한에서는 평온이 유지되었다. 1945년 8월 말에 이르러 남한 내 145개 시·군에 건국준비위원회의 지부가 결성되었다. 치안대, 보안대 등 다양한 이름으로 불리던 지방의 자치적 조직들은 건준의 지부로 재편되었다.

서울의 건준이 좌익과 우익의 연합체였던 것처럼 지방에서 조직된 건준 역시 성격이 다양했다. 좌익이 주도한 경우, 우익이 주도한 경우, 좌우익이 연합한 경우 등 여러 사례가 보고되었다. 북한 지역에도 건준 지부들이 조직되었다. 평양의 경우 민족주의자 조만식과 공산주의자 현준혁이 협력하며 건준 지부가 활동을 벌였다. 대부분의 지역에서는 명망가·유력자들이 초기에 건준 지부를 주도했고, 감옥에서 석방된 독립운동가들이 고향에 도착하면서 점차 급진적이고 좌파적 성격이 강해졌다.

총독부는 건준의 임무가 치안 유지 협조에 국한된다고 생각했지만, 한국인들은 건준이 말 그대로 건국을 준비하는 조직이라고 생각했고 이를 실천에 옮겼다. 지방에서는 건준 지부들이 군청·경찰서 등의 행정관서 접수를 시도하는 한편 실질적 행정권을 행사했다. 총독부는 경악했고 일본군 헌병대 등을 동원해 건준의 강제 해산을 시도했지만, 이미 상황은 총독부가 통제할 수 없는 수준에 도달해 있었다. 결정적 시기에 기회를 얻은 한국인들은 현명하게 자주적 건국의 길로 달려 나갔다. 총독부의 계획은 이이제이以夷制夷의 방법으로 과도적 시기의 치안 유지에 한국인들을 이용하는 것이었지만, 여운형과 건준은 한국의 이익을 위해 이 기회를 활용했던 것이다.

건준의 가장 큰 공로는 해방 후 한국인들이 자신들의 정치·사회 조직을 자유롭게 결성할 수 있는 정치적 공간을 확보했다는 점이었다. 해방 후 불과 1개월 만에 50여 개의 정당·사회단체가 조직되었다. 당시 언론들은 이런 폭발적 상황을 '족출簇出'로 표현했는데, 이는 일거에 무리 지어 나타난다는 의미였다. 해방 후 한국인들이 주도하는 건준이 부재했고, 총독부가 사태를 통제했다면 이런 정치적 자유는 확보하기 어려웠다. 건준의 주도로 한국인들은 자주적인 해방을 만끽하게 되었던 것이다. 반면 건준이 해방정국을 주도하는 정치적 중심으로 부각되자마자 좌우익 갈등이 빚어졌다. 여러 차례에 걸친 간부진 교체 과정에서 좌파의 영향력이 강해지자 우파들의 불만이 커졌고, 비타협적 민족주의자로 대표되는 안재홍이 부위원장직을 사퇴했다.

막간극: 인민공화국

건준은 9월 초 급진적인 인민위원회로 개편되었다. 1945년 9월 초 건준은 긴급하게 조선인민공화국이라는 정치 조직으로 전환되었고, '정권'으로 선언되었다. 수백 명이 하룻밤 회의를 통해 만든 이 공화국은 비상한 시기를 맞아 비상한 방법으로 조직된 혁명정부로 선언되었다. 그렇지만 대외적으로는 조만간 진주할 미군정을 상대하는 한편 곧 귀환할 충칭임시정부에 대항하기 위한 성격이었다. '정부에는 정부'로 상대한다는 전술의 결과였다. 주요 우익 인사들의 명의가 도용된 '공화국'은 좌익의 조급한 서울중심주의를 대표하는 사례였다. 인민공화국은 미군정의 강력한 부정·해산 정책뿐만 아니라 남한 내 좌우익과 심지어 북한의 반대에 봉착했다.

미군정은 인민공화국 대신 인민공화당으로 전환하면 승인하겠다고

했고, 중앙인민위원회는 이에 동의해 공화국을 당으로 전환하기 위한 대회를 개최했다. 하지만 '공화국'이 수립되었다고 확신하던 지방 대의원의 반대로 무산되었다. 그러나 미군정과의 대결 속에 인민공화국은 자연스레 해소되었다.

지방에서도 건준 지부를 계승해 인민위원회가 조직되었고, 미군정 전술부대와 군정팀이 주둔을 완료하는 1945년 12월 말까지 부분적으로 지방행정을 담당했다. 138개 시·군 가운데 128개 군에서 인민위원회가 조직되었고, 그 중 69곳의 인민위원회가 실질적인 지방통치 기능을 담당했다. 미군의 진주와 함께 지방인민위원회는 강제적으로 해산되었다. 그러나 미군이 진주하기 전까지 자치 권력을 행사했던 경험은 한국을 혁명의 소용돌이로 만드는 요소가 되었다.

일제의 패망 직후 한국인들은 즉각적인 독립이 도래할 것으로 확신했다. 일부 인사들은 1943년 카이로회담에서 연합국들이 한국에 즉시독립을 약속한 것으로 생각했다. 1945년 12월 말 모스크바에서 연합국이 한국의 독립 방안을 확정하기 전까지 다양한 건국 방략들이 제시되었다. 해방 이후 1948년에 이르기까지 일제로부터의 해방, 건국에 대한 열망, 정치·사상·이데올로기적 열정 등 인간해방과 사회변혁에 대한 열망이 고조되었다.

1910년 대한제국이 일제에 멸망하기 전까지 공화주의는 엄격하게 금지되었으며, 일제하에서 합법적인 정당·사회단체는 거의 운영되지 못했다. 특히 1930년 이후 일제는 악명 높은 치안유지법 등을 동원해 한국인들의 정치·사회활동을 금지시켰다. 한국인들은 투표권 없는 납세로 약탈당했으며, 정치적 무권리만을 강요받았다. 해방이 되자 서울과 지방에서 수많은 정치 조직들이 결성되었고, 이는 폭증한 정치적 욕망과 시대의 분위기를 대변했다.

다른 한편으로 중국, 만주, 일본, 남태평양 등에서 한국인들이 대거 귀환했다. 일본 제국주의자들은 1937년 이후 매년 약 100만 명 이상의 한국인들을 징용, 징병, 학병, 군 위안부 등으로 강제 동원했다. 탄광·공장은 물론 전선에까지 강제 동원되었던 한국인들이 1946년 중반까지 대거 귀환했다. 이들은 2차 세계대전의 와중에서 식민지 하 한국인들의 세계사적 위치를 객관적이고 실존적으로 체험했다.

죽음의 공포를 넘어선 이들의 귀환은 고요했던 농촌마을에 혁명적 동력을 불어 넣었다. 1935년 이후 일제의 강력한 전시동원 체제 및 불완전한 공업화의 여파로 농촌사회는 전통적 질서에서 벗어나기 시작했고, 강력한 동원 체제의 여파는 해방 후 한국사회의 내적 갈등과 동요의 원천이 되었다. 지주와 소작인의 대립, 공장주와 노동자의 계급적 대결양상은 일제의 민족차별 정책과 맞물리면서 증폭된 상태였다. 일제의 감옥에서 풀려난 독립운동가들이 고향에 도착해 이들과 결합되자 혁명적 분위기가 고조되었다. 때문에 1945년 9월 주한미군사령관 하지의 정치고문으로 국무부에서 파견되었던 베닝호프Merrell Benninghoff는 남한의 상황이 "성냥을 당기기만 하면 폭발할 것 같은 화약통", "화산의 가장자리를 걷는 것과 같은 상황"이라고 묘사했다.

해방 이후 해외에서 활동하던 한국인 지도자들이 속속 입국했다. 남한의 경우 미국에서 활동했던 이승만(1945. 10. 16), 중국에서 활동했던 김구 등 임시정부 요인(1945. 11~12)들이 귀국했고, 북한의 경우 소련에서 훈련을 받은 김일성 등 빨치산그룹(1945. 9), 중국공산당의

귀환 풍경 1945년 11월 23일 환국을 위해 중국 상하이에 도착한 김구 등 임시정부 요인들(위)과 12월 중국에서 귀국한 임시정부 요인들을 환영하기 위해 구름처럼 모여든 시민과 학생들(아래).

이승만

김일성

김구

김두봉

무정

해외 정치세력의 귀국　해외에서 활동하다가 해방 후
입국한 한국인 지도자들. 미국에서 활동하던 이승만,
중국에서 활동하던 김구 등 임시정부 요인들, 소련에서
훈련을 받은 김일성 등 빨치산그룹, 중국공산당의 후원
을 받아 활동했던 김두봉과 무정 등 독립동맹그룹.

후원으로 활동했던 김두봉·무정 등 독립동맹그룹(1945. 12) 등이 귀국했다. 카리스마와 전통적 영웅담으로 묘사된 민족적 영웅들의 귀환은 해방 후 한국정치의 폭발성을 더욱 가열시키는 요소였다. 일제에 대한 증오심과 잔재 청산, 새 시대에 대한 열망, 보이지 않지만 강력한 미국과 소련의 영향력이 덧붙여지면서 한반도의 상황은 용광로처럼 들끓었다.

짧은 해방,
긴 분단

38선 분단

한국인들이 알지 못하는 상황에서 한반도의 운명은 1945년 8월 10일 자정 무렵 미국 워싱턴 D.C.의 국무부·전쟁부·해군부 조정위원회 SWNCC(State-War-Navy Coordinating Committee)의 한 방에서 결정되고 있었다. 미국이 일본의 나가사키와 히로시마에 원자폭탄을 투하한 직후 소련은 대일개전을 선언(1945. 8. 9)하고, 파죽지세로 3방향에서 만주와 한반도로 진격했다. 한반도를 다 내줄 수 없다고 판단한 미국은 적절한 선에서 소련과 타협해 진격을 저지하고자 했다. 2명의 대령은 한반도를 분할할 적절한 경계선을 설정하라는 명령을 받고 내셔널 지오그래픽National Geographic의 극동지도를 펼쳤다. 이들은 30분 만에 북위 38도선으로 미소 점령의 경계선을 그었다. 훗날 미 국무장관이 된 딘 러스크Dean Rusk는 자신이 한국의 운명을 결정했다고 주장했다.

38선은 공식적으로 일본·한반도·만주·중국·대만·인도차이나·필리핀·남평양 등 광범위한 지역에 산재한 일본군의 무장해제를 위해 연합군이 점령 지역을 분담해야 한다는 군사적 목적으로 설명되었다. 북위38도선을 경계로 38도선 이북 한반도 지역의 일본군 무장해제는 소련군이, 38도선 이남 한반도 지역의 일본군 무장해제는 미군이 담당한다는 사실이 연합군최고사령부 일반명령 제1호로 공포(1945. 9. 2. 공포, 8. 15. 소급적용)되었다. 38선은 외관상으로 남북한을 이등분했지만, 인구의 2/3가 남한에 집중되었고, 500년 이상 정치·경제의 중심이 된 수도 서울이 포함되었으며, 전략적으로 중요 항구인 부산·인천·군산·목포·진해 등이 38선 이남 지역에 포함되었다. 이는 우연의 결과가 아니라 준비된 정책의 실현이었다. 1945년 초반 이래 미군부의 정략 정책 장교들은 미국의 정치적 이해를 반영하기 위해 한반도에 대한 군사적 점령·분할을 구상했는데, 북위40도선 분할, 미·소·영·중의 4국 분할 등 다양한 한반도 분할 방안을 검토했다.

소련은 이미 한반도 북부에 상륙하고 전 한반도를 석권할 수 있는 군사력을 보유했지만, 미국의 38선 분할 제안을 수용했다. 미국과의 협력관계 유지, 동유럽 분할점령과 한반도 분할점령에 이은 일본 분할점령이 그 배경으로 지적된다.

인간의 이성과 관념이 만들어낸 상상의 38선이 한반도 지도 위를 가로지르면서 수많은 강과 하천, 산맥은 인위적이고 물리적으로 단절되었다. 38선은 하나였던 한반도의 허리를 관통하며 12개의 강과 75

38도선 38선 경계를 서고 있는 미군 병사와 1945년 8월 10일 자정 무렵 미국 전략정책단이 미국과 소련의 점령 지역 분할에 쓴 것으로 알려진 지도. 지도에는 지형을 고려하지 않고 일자로 그은 38선을 경계로 소련이 만주를, 미국이 일본을 차지한다는 구상이 담겨 있다.

개 이상의 샛강을 단절시키고 수많은 산봉우리를 가로질렀다. 181개의 작은 우마차로, 104개의 지방도로, 15개의 전천후 도로, 8개의 상급 고속도로, 6개의 남북 간 철로도 단절되었다. 38선이 한반도를 가로지른 후 지각 있는 사람이라면 누구나 38선이 초래할 비극적 재앙의 전조를 감지할 수 있었다.

38선은 일본군의 무장 해제를 위한 편의적인 경계선이었지만, 그 임무가 종결된 1946년 이후 미소 주둔군의 경계선이 되었고, 한국인들에게도 분단의 경계선이 되었다. 남과 북은 서로 오갈 수 없는 금단의 땅이 되었다. 그러나 38선의 국제법적 근거는 일본군의 무장 해제가 완료된 1946년 봄에 이미 끝난 것이었다.

미소 양군의 주둔과 군정

소련 극동군사령부 예하 25군(사령관 치스차코프 상장)은 1945년 8월 말까지 38선 이북 지역에 대한 점령을 완료했다. 남한 점령을 맡게 된 맥아더Douglas MacArthur(1880~1964) 원수 휘하의 미 제24군단(사령관 존 R. 하지 중장)은 1945년 9월 8일 인천에 도착했고, 곧 남한 전역에 대한 전술적 점령을 완료했다.

미국과 소련의 점령 정책은 현지에 우호적 정부를 수립한다는 차원에서는 동일한 것이었지만, 구체적인 정책 면에서는 다른 면모를 보였다. 1944~45년 미 국무부와 전쟁부는 '군사적 점령, 군정의 실시, 유엔을 통한 다국적 신탁통치 실시'라는 대한 정책 수립에 합의했다. 이러한 대한 정책은 1945년 7월 포츠담회담을 위해 준비된 비망록에 드러나 있다. 미국은 외교에서 국제적 우위를 지렛대로 한국 문제를

미군 진주 인천에서 열차로 서울역에 들어온 미 제7사단 제32보병연대 소속 미군병사들이 조선총독부
에 도착하자 시민들이 환영하고 있다.

해결하고자 했으며, 구체적으로는 미국·영국·중국 대 소련의 3 대 1 세력균형을 염두에 두었다. 한반도에 대한 다자간 국제신탁통치는 이러한 구상의 연장선상에 놓여 있었다. 미국은 점령 후 곧바로 주한미군정사령부를 설치했고, 한국인들이 자치정부 수립·운영능력이 없다고 판단한 연장선상에서 적대적 점령·직접통치의 방법인 군정military government 실시를 선택했다. 적대적 점령과 군정의 실시는 자신이 해방되었으며 독립할 자격이 충분하다고 믿었던 한국인들과의 인식과 크게 어긋나는 것이었다.

소련은 오랜 식민지를 겪은 한국의 내부 정세가 혁명적이며 급진적이라고 평가했다. 일본과의 민족적 갈등, 한국인 내부의 계급적·사상적 갈등이 폭발 일보직전에 있기에, 국내 정치에 직접 개입하지 않더라도 현재의 상황이 지속되면 한반도에 친소적인 사회주의·공산주의적 정부가 수립될 것이라고 판단했다. 대한 정책 수립에 있어서 소련의 정책적 지렛대는 한반도 내부의 상황, 즉 국내적 상황을 우위에 두고 있었다. 소련 점령군은 명목상 군정을 실시하지 않았으나, 미군정보다 효율적으로 북한의 상황을 통제할 수 있었다. 표면상 해방된 한국인들이 자주적 정권을 수립하는 것처럼 주장했지만, 소련은 배후에서 현지화·토착화 정책을 통해 친소적 국가 수립을 추구했다.

2차 세계대전 이후 미국과 소련은 자신이 점령한 지역에 자신의 체제를 이식했다. 미국은 한반도에서 친미적 과도정부 수립을, 소련은 친소적 정부 수립을 추구했다. 강대국에게 한국인들의 독립과 통일 열망은 부차적 관심사였다.

세 가지 주권론, 세 층위의 갈등구조

한국인들에게 해방은 긴 분단을 의미했다. 668년 고구려의 멸망과 신라의 통일 이후 한국인들은 동일한 영토, 언어, 문화, 역사, 민족적 정체성을 유지해 왔다. 일본의 식민지 시기에도 영토와 민족의 통일성은 변하지 않았다. 1300여년 이상 유지된 동일성은 식민지에서 해방된 이후 깨지기 시작했다. 남한과 북한으로의 분단은 단순히 국토의 분단만이 아니었다. 미국과 소련으로 대표되는 자본주의 진영과 공산주의 진영의 대결과 영향력이 한반도에 투영되었다. 국토의 분단 위에 강대국의 이데올로기적 대결이 덧붙여졌다. 한국인들의 이익을 대변할 국가권력을 가지지 못했기 때문에 미소의 영향력은 보다 직접적이었고 강력했다.

한국은 일본의 통치로부터 해방되었지만 독립하거나 주권을 회복하지도 못했다. 오히려 38선으로 분단된 후 미군과 소련군의 점령 하에 놓여졌다. 소련군은 간접 통치의 방법을 택한 반면 미군은 직접 통치의 방법을 택했다. 준비된 계획이자 점령 지역의 차이에 따른 선택이었다. 소련은 한국인들의 주권을 인정하며 현지화·토착화를 통해 배후에서 영향력을 행사했다.

미군이 점령한 남한은 일본과 명백히 대비되었다. 일본의 군국주의 전쟁기구들은 폐지되었고, 전범은 추방되었으며, 재벌해체·토지개혁 등 민주적 개혁이 실시되었다. 이에 비해 남한의 총독부 기관들은 유지되었으며, 총독부 관리들은 유임되거나 고문으로 임명되었고, 친일파 청산과 토지개혁 요구는 거부되었다. 일본에서는 군국주의 해체와 민주화가 이뤄진 반면 남한에는 일제의 유제가 유지되었다.

일본을 위해 준비된 '군사 점령-군정 실시' 방침은 남한에서만 적용되었다. 전범 국가이자 패전 국가였던 일본은 분할 점령되거나 군정이 실시되지 않았다. 점령의 목적이 영토 병합이 아니었기에 일본의 주권은 부정되지 않았으며, 선거로 구성된 의회가 내각을 구성해서 연합군최고사령부SCAP의 통제 하에 주권을 행사했다.

반면 한국은 해방된 국가였으나 주권이 회복되지 않았다. 한국의 주권이 누구에게 귀속될 것인지는 결정되지 않았고 논쟁의 대상이 되었다. 먼저 주한미군은 자신이 유일한 합법정부라고 선언했다. 이는 주한미군정이 주권정부·군정·명목상의 정부 등 삼중 임무를 수행한다는 것을 의미했다. 미국은 멸망한 대한제국, 귀환한 충칭의 대한민국임시정부, 자생적 자치정부 역할을 자임한 조선인민공화국 중 그 어느 것도 주권정부로 인정할 수 없다는 입장을 취했다.

이와 대조적으로 한국인들은 해방이 됨으로써 당연히 한국인들에게 주권이 회복되었다고 확신했다. 1945년 12월 연합국들이 모스크바3상회의에서 한국의 독립과 정부 수립에 대한 결정 방안을 제출하기 전까지 과도적 시기에 인민공화국과 임시정부가 주권정부를 자임했다. 미군정은 인민공화국을 부정하고 해체시켰다. 한국 독립운동의 역사성을 대표하던 임시정부는 개인 자격으로 귀국시킨 후 일정 기간 동안 정치적으로 활용했다. 미 국무부는 2차 세계대전 기간 동안 임시정부를 승인하지 않았고, 해방 이후에도 같은 입장을 취했다.

한편 조선총독부와 일본 정부는 일본이 한국에 대한 일종의 잔존 주권을 유지하고 있다는 믿기 힘든 입장을 취했다. 일본은 연합국과의 전쟁에서 패전했지만, 식민지이던 한국과의 관계 단절은 대일평화

조약이 체결되어 일본과 한국이 법적으로 분리되어야 가능하며 그때까지 일본이 명목상 한국에 대한 주권을 보유한다고 주장했다. 1953년 한일회담 당시 일본 측 수석 구보타 간이치로久保田貫一郎가 샌프란시스코 평화조약(1951. 9. 8) 이전에 한국이 독립한 것은 국제법 위반이라고 주장한 데에는 이러한 모멸적인 대한관이 작용했다.

이처럼 해방 직후 한반도에는 크게 세 가지 차원의 갈등 구조가 형성되었다. 첫째, 미국과 소련이라는 강대국 간의 대결이었다. 한국인들은 해방군이자 동시에 점령군이었던 두 나라를 상대해야 했다. 둘째, 남과 북의 지역적 분할과 대결이었다. 셋째는 좌익과 우익의 갈등이었다. 세 층위의 갈등은 미소냉전이라는 세계적 진영 대결의 큰 흐름 속에 끊이지 않는 사슬처럼 연결되어 있었다.

좌우익의 사상·이념 갈등은 식민지 한국에서 중요한 대립축이 아니었다. 공산주의나 민족주의 모두 독립운동의 방략으로 이해되었고, 좌파와 우파의 지도자들은 때때로 갈등하기는 했지만 독립이라는 공통의 목표를 위해 협력했다. 민족주의자와 공산주의·사회주의자들이 협력한 신간회(1927~1931)와 1940년대 임시정부·의정원·광복군의 좌우합작이 이를 잘 보여 준다. 해방 후 미소의 영향력이 관철되면서 좌우 대립·남북 갈등은 본격적으로 격화되기 시작했다.

38선은 단순히 국토만의 분단을 의미하지 않았다. 미국과 소련으로 대표되는 자본주의 진영과 공산주의 진영의 대결과 영향력이 한반도에 투영되었다. 국토의 분단 위에 강대국의 이데올로기적 대결이 덧붙여졌다. 미국과 소련은 아시아에서 일본과 중국의 운명을 놓고 대립하고 있었고, 한국은 이와 밀접하게 연관된 문제였다. 유럽에서의 냉전이 아시아의 냉전과 직결되었고, 중국·일본의 운명이 한국의 운명과 직결되었다.

1946년 유럽의 그리스, 터키 등에서 냉전의 전초전이 시작되었고, 만주에서는 중국 국민당과 공산당의 내전이 본격화되었다. 소련의 서베를린 금수조치에 맞선 미국의 베를린 공수는 냉전의 전면화를 알리는 신호였다. 조지 케넌은 X라는 필명으로 모스크바에서 쓴 긴 전문 long telegram을 통해, 처칠은 미조리주 풀턴에서 행한 '철의 장막' 연설을 통해, 트루먼은 터키와 그리스에 대한 경제원조 결정(트루먼 독트린)을 통해서 냉전을 선언했다. 일본에서는 탈군국주의적 개혁에서 역코스reverse course로 전환이 이루어졌다. 이는 미국의 대일 정책이 탈군국주의화·민주화에서 반공기지화로 전환됨을 의미했다. 냉전은 한국에서 미소 협력을 통한 한국의 통일·독립 방안으로 제시된 모스크바 결정을 종결시켰다. 이제 한국은 냉전의 전초기지로 부각되었다.

−정병준

1945년 광복, 해방의 날은 밝았지만, 미국과 소련의 한반도 분할점령으로 한국민은 통일·독립을 이루지 못했다. 미국과 소련은 자국의 전후 세계전략과 동아시아 정책에 근거하여 북위 38도선을 경계로 각자 일제 강점기 제도와 질서를 해체하며, 새로운 질서와 규율을 만들어갔다. 이 과정에서 두 국가 모두 현지 한국인들을 끌어들여 정도의 차이는 있지만, 한국인화Koreanization 정책을 추구했다. 미국과 소련은 2차 세계대전의 연합동맹국으로서 서로 협의를 통해 한반도 문제를 해결하는 모습을 보여주고자 했지만, 결국 그것은 분단을 고정화였고, 동족상잔의 비극을 잉태하는 과정이었다. 더불어 전후 미국과 소련의 점령 정책은 한국현대사 흐름에 커다란 영향을 미쳤으며, 오늘날에도 중요 정치적 변곡점마다 지속적으로 작용하고 있다.

미·소의 점령과
점령 정책의 실시

미군의 남한 진주와
점령 정책 실시

38선을 중심으로 하는 미·소의 분할점령은 일본의 항복이라는 갑작스런 상황 변화에 대응하기 위한 조치라는 성격이 강했다. 소련이 이미 1945년 8월 9일을 기해 만주와 한반도 북쪽으로 진군하기 시작했던 것에 비해 한반도에서 가장 가까운 거리에 있는 미군은 아직 태평양상의 오키나와에 머물렀다. 일본이 항복 의사를 전해오자 미국은 북위 38도선을 미·소 간의 점령 분할선으로 정해 소련 측에 알렸고, 소련은 이를 수락했다. 소련이 한반도 분할점령을 지시한 일반명령 1호를 받아들이자 미국은 오키나와에 주둔한 하지John R. Hodge 중장 휘하의 미 육군 24군단을 38도선 이남 지역의 점령군으로 선정했고, 24군단은 진주를 서둘렀다. 하지 중장과 그의 미 육군 24군단24th Corps이 남한 점령군으로 선택된 것은 순전히 한국에 가장 빨리 이동할 수 있는 거리에 있다는 물리적 이유 때문이었다. 하지는 1945년 8월 19일 태평양 방면 미 육군사령관 맥아더로부터 한반도점령 작전계획을 하달받았고, 같은 날 미 육군 남한주둔군US Army Forces in Korea 사령관으로 임명되었다. 미국은 38선 이남에 한국의 정치적 중심지인 서울과 그 관문인 인천이 포함되어 있다는 점을 크게 고려했다. 한반도는 한국인들도 모르는 사이에 열강들의 이해관계에 따라 분할되었고, 해방은 미·소 양군의 분할점령으로 이어졌다.

하지가 상부로부터 받은 작전계획은 한국에 대한 점령의 '군사적 측면'을 주로 다루었기 때문에, 하지는 구체적인 군정 수립 계획과 민정 업무에 관한 원칙을 따로 마련하지 않으면 안 되었다. 하지가 점령 수행 방법과 절차, 군정 실시 등에 관해 좀 더 자세한 지시를 구하며 분주하게 움직이는 동안 한반도로 점령군을 신속히 이동할 것을 재촉하는 전문이 상부로부터 계속 날아들었다. 24군단의 한반도 진주가 결정되자 미국 정부와 군부는 점령군의 신속한 이동을 최우선 목표로 삼았다. 특히 8월 22일 소련군이 만주의 대부분을 점령하고 이후 빠른 속도로 한반도 남쪽으로 전진하자 육군부는 '조선으로 신속히 이동해서 시급히 경성(서울) 지역을 확보하는 것이 대통령의 희망이자 지시'임을 강조하는 전문을 거듭해서 보냈다. 상부의 재촉을 받은 맥아더 사령부는 하지에게 이전의 작전계획을 파기하는 한이 있더라도 경무장經武裝 상태로 속히 이동할 것을 촉구했다. 이러한 지시는 남진하는 소련에 대비하여 가급적 한반도 북단에서 이익선을 확보하려던 미국 정부와 군부의 의도를 반영한 것이었다.

한반도로 신속한 병력 전개를 재촉하는 전문들을 통해 미국 정부와 군부가 가진 대소對蘇 견제의식은 하지 장군에게도 충분히 전달되었다. 미국의 국익에 충실하던 고지식한 야전지휘관 하지는 상부의 강한 대소 견제의식을 전달받으면서 자신의 임무가 한반도에서 미국의 이익선을 확보하는 것이고, 이것은 곧 남한을 대소 보루foothold로 만드는 것이라고 이해했다. 중요한 것은 점령군 사령관으로서 그가 가질 수 있었던 정치적 입장과 군사전략적 견해가 한반도 내부의 정치·사회적 상황과 맞물리면서 점령 이전부터 일정한 이념적 편향성을 보이기 시작했다는 점이다.

남한 점령 지령을 받은 이후 하지는 유능한 군정 요원과 구체적인 점령통치 방침을 확보하기 위해 동분서주했지만 스스로 만족할 만한 성과를 거둘 수 없었다. 게다가 미국 정부와 맥아더 사령부는 점령지로 신속하게 이동할 것을 재촉했고, 조선 주둔 일본군으로부터 날아오는 남한 내 '소련의 사주를 받은 불순분자들의 난동'은 하지의 우려를 증폭시키기에 충분했다. 일본군이 미군에 전달한 남한 정세에 대한 상황 보고는 미국의 대소 경계의식을 자극하고, 미국의 대소 경계의식을 조선 내 정치 정세와 적극적으로 연결시키며, 특히 좌익세력과 민족혁명세력에 대한 왜곡된 선입견을 조장해 이들에 대한 적대적 태도를 유도했다는 점에서 특징적이다.

미국 정부와 맥아더 사령부는 대소 경계의식을 내비치면서 소련군과 조우했을 때 신중하게 행동할 것을 거듭 요청했으므로 하지는 남한 점령이 미묘하고 예민한 국제정치적 성격을 띤다는 점을 숙지할 수 있었다. 미국은 종전 직전 조선의 각 정치세력들의 성격을 차별적으로 인식하면서 전후 한반도 정세의 추이에 예민하게 반응했다. 그리고 진주 직전 하지가 일본군과 교신한 무선 전문들은 조선인 혁명세력에 대한 미군의 기피 태도와 적대의식을 한층 조장하는 역할을 했고, 남한 내부의 혁명적 상황에 대한 미군 측의 우려와 위기의식을 한껏 부풀려 놓았다. 하지의 우려와 이후 한반도에서 겪게 될 그의 운명을 암시라도 하듯 1945년 9월 초순 오키나와에는 연일 큰 파도와 강풍이 몰아쳤고, 승선을 기다리던 하지의 군대는 기상관계로 출발일을 두 번이나 연기했다. 그리고 9월 4일 바람이 조금 누그러진 틈을 타서 하지 일행은 마침내 인천행 수송선에 승선했다.

주한미군의 점령 정책과 미군정 설치

하지 장군 휘하의 미 육군 24군단은 매우 위압적인 자세로 38선 이남 지역의 점령에 임했다. 한국의 정치 문제에 대해서는 신중하게 대처할 것이 진주 이전부터 강조되었지만 하지가 부딪힌 남한 사회의 국가 건설 열기는 전술군 사령관이 감당하기엔 벅찬 것이었다. 남한의 정세를 '불만 댕기면 즉각 폭발할 화약통'으로 비유하면서 점령군의 처지를 금방이라도 폭발할 화산의 가장자리를 걷는 형국으로 묘사한 하지의 수선스런 보고서는 과장이 아니었다. 하지가 당면한 가장 중요한 문제는 남한 사회의 폭발적인 정치적 열기에 대한 대처였다. 일본군 항복 접수와 소련에 대한 보루 구축을 점령 목적으로 생각했던 하지는 잘 조직된 급진세력의 존재와 그에 비해 조직도 빈약하고 인기도 없는 보수세력 사이의 역관계가 점령 목적 자체를 위태롭게 한다고 간주했다.

미군이 진주하여 가장 먼저 맞닥뜨린 문제는 정부 형태를 가진 국내의 조선인민공화국(이하 인공), 해외의 대한민국임시정부(이하 임정)의 처리였다. 미국은 해방 이전부터 임정의 정부 자격 승인을 거부했

하지 중장과 미군정 1945년 9월 8일 인천에 상륙한 하지 중장은 곧 38선 이남 지역을 점령했다. 1945년 11월 환국한 김구 임정 주석을 만난 하지 중장. 남한의 정세를 '불만 댕기면 즉각 폭발할 화약통'으로 비유한 하지 중장은 남한의 폭발적인 정치적 열기에 대처하기 위해 위압적인 자세를 유지했다.

다. 그러나 진주 이후 미군정이 부딪힌 인공은 그 실체를 간단히 부정해버릴 수 없는 존재였다. 중앙의 활동력이나 지방에서 인민위원회 조직의 광범한 존재, 일본 항복 후 진공기에 중앙이나 지방에서 보여주었던 자치 경험 등은 이들의 실체를 증명하기에 충분했다. 수립 과정의 졸속성이나 조직의 성격·위상 문제 등을 별도로 한다면 인공은 해방 직후 시점에서 임정과 함께 가장 중요한 정치조직의 하나임에 틀림없었다. 임정이 태평양전쟁 발발 이후 정부 승인 외교를 적극 펼쳤던 것과 비슷하게 해방 직후 국내의 첫 움직임은 '정부'라는 조직 형태를 매개로 한 완전독립의 성취라는 방향이었다. 한국인들은 미국의 예상을 훨씬 앞질러 매우 이른 시기부터 독자적인 정부 수립과 국가 건설에 착수했다.

미군정은 남한에서 미군정 이외 일체 정부를 인정하지 않는다는 방침을 내외에 천명함으로써 일단 인공과 임정 모두를 부인했다. 미군정은 10월 10일과 12월 12일 두 차례에 걸쳐 인공 부인 성명을 발표했다. 또 임정 요인들에게는 귀국 이전에 개인 자격으로 귀국하는 것이라는 다짐을 받았다. 그러나 이러한 미군정의 정부 자격 부인이 인공과 임정에 똑같은 의미를 가진 것은 아니었다. 인공 부인은 지방 인민위원회에 대한 미군정과 경찰의 물리적 탄압을 동반한 조직과 조직의 활동 전반에 대한 전면적이고 실질적인 부인이었다. 미군정은 건국준비위원회, 조선인민공화국, 각지의 인민위원회 등 자생적 조직들을 모두 인정하지 않았다. 미군이 점령 이후 각지에 전술군과 군정부대를 파견해 직접통치 체제를 구축하는 과정은 이들을 해체하고 대신 구래舊來의 식민지 통치기구와 친일 관리, 경찰을 부활시키는 것에 다름 아니었다. 점령 초기 미군정은 반소·반공 체제의 구축이라는 목표 하에 점령통치기구를 수립했다.

한편 미군정은 임정의 정부 자격을 인정하지 않았지만 임정의 대중적 명성과 임정 요인들을 이용해 국내정치에 대처하려는 의도를 가지고 있었다. 하지는 진주한 지 1주일 만인 9월 15일, 맥아더에게 '임시정부 자격으로 충칭重慶망명정부를 환국시켜 간판으로 활용'하게 해줄 것을 건의했고, 도쿄의 맥아더 사령부는 하지의 건의를 받아들였다. 미군정은 임정 요인들이 개인 자격으로 귀국하는 것임을 여러 차례 언급했으나, 이러한 설명이 한국인들 사이에 그대로 받아들여질 리 없었다. 임정 귀국을 전후한 시점에서 미군정은 인공을 부인하는 성명을 발표했는데, 이는 미군정이 임정 환국에 대한 기대를 표명했던 것과 명확히 대비되었다.

미군정은 김구 등 임정 요인들이 귀국하자 임정을 '정부'로서 대접하는 듯한 분위기를 연출했다. 하지의 표현을 빌리자면 임정은 자신이 끓이는 국물stew의 간을 맞추는 소금의 역할을 했다. 즉 미군정의 임정에 대한 태도는 이중적이었다. 공식적으로는 임정의 정부 자격과 법통성法統性을 부인했지만 다른 한편으로 임정이 가진 '독립운동의 화신'으로서의 명성을 남한의 정치적 대표자라는 대중적 이미지로 연결시키려고 노력했다.

미군정의 임정에 대한 이중적인 태도는 인공을 타도하고 남한의 혁명적 정세에 대응하려는 미봉적 조치만은 아니었고, 미군정 나름의 뚜렷한 정책 구상이 있었기 때문에 취할 수 있었던 행동이었다. 미군정은 10월 들어 임정 요인들의 개별적 활용 또는 간판 활용에서 한걸

임정 요인 1945년 11월과 12월 두 차례로 나눠 개인 자격으로 귀국한 임정 요인들. 미국은 해방 이전부터 임정의 정부 자격 승인을 거부했으며, 이 같은 미군정의 방침에 따라 임정 요인들은 개인 자격으로 귀국할 수밖에 없었다.

음 더 나아가 보다 '적극적인 조치'를 구상했다. 그것은 맥아더 사령부와 미군정이 추진한 '자문기구'와 '과도정부' 수립 계획이다. 이러한 미군정의 구상이 실현되기 위한 전제는 남한의 정계 통합이었다. 미군정은 이 무렵 한국인의 정치적 통합 필요성을 공개적으로 거듭 표명했다. 시기에 따라 고문회의, 임정, 이승만에 대한 강조점의 차이가 조금씩 보이지만, 미군정의 정부 구상은 이들 한민당, 임정, 이승만 세력의 통합을 전제로 했다. 진주 직후 미군정 구상의 주요 목표는 이승만과 김구의 통합 내지 이승만과 독립촉성중앙협의회를 매개로 한 우익 중심의 정계 통합이었다. 미군정은 이러한 조치를 통해 남한 점령에 필요한 한국인 지도력을 확보할 수 있다고 생각했다.

미군정의 우익 정치세력 중심의 정계 통합과 과도정부 설치 노력은 1946년 2월 남조선대한국민대표민주의원(이하 민주의원)의 설치로 결실을 맺었다. 하지의 정치고문인 굿펠로Preston Millard Goodfellow는 민주의원의 설치를 주도하면서 좌익 대표로 여운형을 영입하려 했다. 그러나 그의 공작은 여운형이 불참함으로써 성사되지 못했고, 민주의원은 우익만의 통합기구가 되었다. 민주의원의 설치와 동시에 좌익 측은 민주주의민족전선을 결성했고, 이로써 남한 정계에 좌우 대립 구도가 본격적으로 출현했다.

한민당, 이승만, 임정을 포함한 우익 중심의 정계 통합과 개편이 미군정의 장기적인 점령통치 방향과 관련한 것이었다면 식민지 통치기구의 유지 온존은 당시 한국 사회 내부에서 들끓던 독립 열망과 건국 열기에 대처할 물리력의 확보, 즉 미군정 점령 정책·통치 정책을 관철하기 위한 수단을 확보한다는 의미를 가졌다. 점령 초기만 해도 점

남조선대한국민대표민주의원 개원식 1946년 2월 14일 하지 중장의 자문기관으로 발족했다. 하지 중장의 정
치고문인 굿펠로의 주도로 설치된 민주의원은 좌익 대표로 여운형을 영입하려 했지만 여운형이 거부하면서
우익만의 통합기구가 되었다.

령통치기구 수립은 한국에 파견된 미 전술군에 의해 이루어졌다. 그러나 1945년 10월 하순부터 민정을 전담할 군정 요원이 진주하면서 점령당국은 본격적으로 점령통치기구 수립을 시작했고, 이 과정에서 중앙과 지방에서 자생적으로 수립된 인공·인민위원회에 대한 파괴가 이루어졌다. 1945년 말까지 점령통치기구의 수립 과정은 억압적인 국가기구를 중심으로 진행되었다. 일제 식민지기의 경찰기구를 계승하여 중앙집권적 조직망을 갖춘 민간경찰 체제가 재건되었으며, 일제하 사법기구가 복구되었다. 특히 이 시기에 주목되는 것은 지방행정·치안조직의 복구다. 전술군과 군정부대의 합동 작전으로 지방조직이 확립되었고, 1945년 말에 이르러서는 중앙에서 지방에 이르는 전국적인 점령통치기구가 형성되었다.

일본을 점령한 맥아더 사령부가 일본인 정부를 매개로 한 간접통치를 실시했다면, 남한을 점령한 미군정은 직접통치를 실시했다. 전체적으로 미군정은 일제 식민지기 통치기구를 계승해 수립되었다. 일본인 관리들이 물러난 곳은 일제의 식민지 통치기구에서 일했던 조선인 관리들 또는 한민당 출신의 조선인들이 메웠다. 특히 경찰의 경우 친일 잔재가 가장 많이 남아 있었고, 미군정 초기 경찰 간부의 82퍼센트가 일제 식민지기 경찰 출신이었다.

미군정에 자문 역할을 했던 한국인들은 대부분 친일 인사들이거나 미국과 유럽에 유학한 경험이 있는 인사들이었다. 이들은 대부분 반공주의적·외세 의존적인 성격이 강했고, 상당수가 한민당 출신이었다. 이들을 중심으로 이른바 '통역정치'가 이루어졌다. 미군정의 점령 정책에 대한 한국인의 반발이 비등하고, 특히 통역정치의 폐해에 대한 비판이 강화되자 미군정은 군정청 각 부서에 한국인 관리들을 지속적으로 충원하는 등 개선책을 모색했다. 그 결과 1946년 가을부터 미군정은 군정의 한국인화Koreanization 정책을 통해 미군들을 자문역으로 물리고 대신 한국인 관리들에게 군정청 각 부서의 행정 책임을 맡겼다. 또한 1947년 2월에는 안재홍이 민정장관으로 취임하고, 같은 해 5월 17일에는 군정청의 명칭을 '남조선과도정부'로 개칭했다. 그러나 이 과도정부 역시 미군의 통제에서 벗어난 자율적인 기관은 아니었다. 여전히 미군이 정책 결정권과 거부권을 가졌으며, 친일파 관리들이 군정청을 장악한 상태였다.

소련군의 북한 진주와 점령 정책 실시

소련의 대일전 참전과 38선 이북 지역 점령

소련은 1945년 8월 9일 일본에 대한 전쟁을 개시했다. 소련군은 연해주, 하바로프스크 및 자바이칼의 3개 전선으로부터 진격해 전쟁 첫날부터 함경북도에서 전투를 벌였다. 소련군은 일본군을 파죽지세로 몰아붙이며 한반도 전체를 점령할 수 있었지만, 미국이 제안한 〈일반명령 제1호〉를 수용해 38도선을 경계로 한반도 분할점령에 들어갔다. 소련군은 경흥·웅기·나진·청진·명천에서 8월 15일까지 전투를 계속했으며, 이때 소련군에 속한 조선인 유격부대도 전투에 참가했다.

소련군 평양 입성 환영대회 1945년 8월 9일 일본에 대한 전쟁을 개시한 소련은 첫날부터 함경북도에서 전투를 벌인 후 파죽지세로 일본군을 몰아붙였다. 미국이 제안한 일반명령 제1호를 수용해 38도선을 경계로 한반도를 분할점령한 소련군은 38도선 인접 지역에 경비부대를 배치해 남과 북 사이의 인적·물적 교류를 통제했다.

8월 25일 해주에 도착한 소련군의 일부 병력은 사리원을 거쳐 개성까지 진출했다. 이어 8월 27일에 소련군은 경의선과 경원선의 철도운행을 중지시켰다. 또한 38도선에 인접한 금천·신마·연천·평강·양양 등지에 경비부대를 배치해 한반도 남과 북 사이의 인적·물적 교류도 통제했다. 소련군사령부는 자신들이 점령한 지역에서 일제가 장악하고 있던 행정권을 한국인에게 이양하면서 건국준비위원회 평안남도지부와 조선공산당 평안남도지구위원회를 합작하여 평안남도인민정치위원회를 결성하는 등의 방식으로 '인민정권'의 기초를 만들도록이끌었다. 그 외 모든 정당과 사회단체의 조직 및 활동은 엄격히 금지했다.

소련의 38선 이북 지역 점령에 대한 기본 입장은 1945년 8월 15일 발표한 〈치스차코프Чистяков 포고문〉에 표현했듯이 '해방자'로서의 소련군과 새 사회 '건설자'로서 북한 주민과의 새로운 관계 설정이었다. 소련군 최고사령관 스탈린Сталин И.В.(1879~1953)은 1945년 9월 20일, 소련군의 북한 주둔 목적과 임무와 관련해 "일본군을 섬멸해 일본 침략주의자들로부터 한국을 해방시키고, 한국 민족에게 민족 독립을 회복해 독자적인 민주국가를 건설할 수 있는 충분한 가능성을 제시"하기 위함이라고 말했다. 당시 소련은 미국과 영국을 "진보적 민주주의국가"로 규정하고, 얄타와 포츠담에서의 약속을 존중하는 국제협조노선을 걸고 있었다. 따라서 스탈린은 북한에 소비에트 정권 기관을 곧바로 수립하지 않을 것이라는 원칙을 제시했던 것이며, 북한 지역을 점령한 적군赤軍은 자신들이 점령한 북한 지역에서 점진적으로 사회 변화를 주도해 나갔다.

소련군의 경제적 약탈과 폭력 행사

해방 직후 북한에서 가장 심각했던 문제는 공권력 부재에 따른 사회 혼란이었다. 여기에 더하여 식량 사정도 어려웠던 데다, 교통과 운수 등의 장애로 지역 내 분배마저 제대로 이루어지지 않았다. 일제는 패망 직전에 19개의 수력발전소를 파괴했으며, 64개의 탄광과 광산을 침수시켰고, 178개의 탄광 광산과 47개의 공장·기업소를 쓸모없게 만들었다. 그중에도 흥남공장, 성진제강, 청진제철, 황해제철, 평양화학공장 등 대기업들을 대대적으로 파괴했고, 이북의 모든 철도를 마비 상태에 빠트렸다.

소련군은 북한 지역 점령 정책의 효율적 수행을 위해 6개의 도 단위, 85개의 군 단위 그리고 7개의 시 단위에 군경무사령부軍警務司令部를 설치했다. 군경무사령부의 기본 임무는 일본군의 무장해제와 치안 유지 등으로 국한되었기 때문에 지방의 정치행정조직에 직접 간섭하지 않았다. 그러나 소련 정책을 반대하는 사람을 '치안사범'이라는 이유를 들어 직접 탄압하기도 했다. 정치·행정 분야는 소련군 정치부에서 관장했다. 그들은 한국인으로 조직된 인민위원회 등을 통해 소련의 점령 정책을 관철시켜 나갔다.

군경무사령부에 소속된 소련군은 전투부대였기 때문에 소련의 대북한 점령 정책을 원활하게 수행하는 데서 여러 가지 혼란을 보였다. 무엇보다 큰 문제는 북한 주민에 대한 경제적 약탈과 폭력 행사였다. 소련군의 악행이 주민의 삶을 크게 위협하면서 이에 대한 저항도 도처에서 발생했다. 소련군의 개별적 악행은 오래 가지 않았지만, 소련 당국에 의한 구조적 수탈은 계속되었다. 먼저 일제에 대한 전쟁 배상

금 명목으로 수풍발전소의 발전기를 해체해 소련으로 가져가는 등 산업설비를 약탈했다. 1천여 명 이상의 일본인 기술자를 북한에 억류시키고 중공업공장 38개 소를 복구해 새로 생산한 제품들을 소련으로 반출하기도 했다. 소련은 북한에 합작회사 설립도 추진했는데, 대표적인 사례가 조소해운주식회사와 조소석유주식회사였다. 합작회사는 북한의 중추산업 통제권을 소련이 값싼 투자로 장악한 후, 북한의 자원을 소련으로 공급하기 위한 도구였다. 나아가 소련은 회사 설립 과정에서 청진·나진·웅기 등 3개 항구에 대한 조차租借까지 시도했다. 소련의 북한에 대한 신용대부의 상당 부분도 소련군이 접수한 공장들에서 자국에 필요한 상품들을 생산·반출해 가는 데 필요한 경비 지출에 사용되었지만, 반출에 대한 보상은 없었다.

소련의 점령기구 설치와 북한 내정 개입

북한에 진주한 소련 25군사령부는 남한에 진주한 미군과 다르게 군정청을 설치하지 않았다. 또 모든 행정을 한국인들이 수립한 기구에 맡겼으며, 이를 통해 소련의 정치적 목적과 이익을 실현시키고자 했다. 따라서 형식적으로는 북한에 소군정이 없었다고 할 수 있다.

소련은 북한에 대한 전략적 관심이 상대적으로 적었고, 자신들의 목표를 관철할 능력도 크게 부족했다. 소련은 1945년 해방 직후 상황에서 전후 동아시아에서 추구한 목표의 하부체계, 특히 일본 문제와 연관하여 한국 문제를 다루었다. 따라서 한국 문제에 대한 구상은 소련 외무인민위원부 제2극동부의 일본 전문가들에 의해 부분적으로 이뤄졌을 뿐이었다. 소련이 한국을 독자적인 지역 문제로 설정한 것은 1945년 12월 모스크바3상회의 직후였으며, 북한 문제 처리에 대한 적극적인 정책 전환은 1946년 말 제1극동부로 소관 부서를 바꾼 직후부터다. 소련의 대북한 정책의 최고 결정자는 스탈린이었으며, 점령 정책은 군대 내 당조직인 군사회의에서 담당했다. 연해주군관구 군사회의 위원 슈티코프Терентий Фомич Штыков(1907~1964)는 1945년 8월 소련군의 북한 점령 후 1950년 9월 말경까지 소련의 북한에 대한 비非군사활동의 실질권한을 행사했다. 레베제프Лебедев(25군 군사회의 위원)·로마넨코Романеко А.А.(25군 군사회의 위원, 민정담당부사령관) 등도 북한 인민위원회와 정당 및 사회단체의 활동 분야 전반을 통제하는 막강한 권한을 행사했다. 소련 외무인민위원부 소속의 발라사노프Баласанов Г.М.도 소련군사령부의 정치고문으로 활동했다.

소련군은 군 정치부와 경무사령부 그리고 정치고문기관과 민정담당부사령관직제民政擔當副司令官職制 등을 활용하며 북한 사회 전 영역에 걸쳐 개입·간섭했다. 즉 북한 점령 소련군 지휘체계 내에서 나름대로 북한 정치에 개입하고 영향을 미칠 수 있는 기구들을 설치했으며, 최고위 수준에서 소련의 정책 목표를 북한에 관철시킬 수 있는 조직과 기구를 유지했다.

해방 직후 북한에서 소련이 만든 규칙들과 소련이 분배하는 자원의 영향력은 결정적이었다. 그러나 소련이 북한의 변화를 위해 제공할 수 있는 인적·물적 자원은 부족했고, 상당 부분을 북한 자체의 인력과 재화로 해결해야 했다. 결국 소련군은 면 이하 행정단위에 대해 직접 통치할 능력을 갖추지 못했으며, 도·군 차원에서도 민정을 효율적으로 수행하지 못했다.

소련은 1945년 11월에 '민정담당부사령관직제'를 북한 지역에 도입해 각급 인민위원회의 활동에 협력할 민정체계를 수립했다. 이와 함께 "소련에 우호적인 정부"를 북한에 수립하기 위해 '한국계 소련인'들을 선발해서 활동하게 했다. 한국계 소련인들은 크게 넷으로 나눌 수 있는데 소련극동전선군 88독립보병여단 소속 군인, 일제시기 한국에 파견했던 공작원, 소련 정규군, 민간인으로서 당·정권기관·언론기관·교육기관에 종사하던 사람 등이다. 한국계 소련인들은 북한 정권에 참여한 이후에도 극히 예외적인 경우를 제외하고는 소련 국적을 그대로 유지했다. 이들은 북한에서 소련 정책 관철과 이익 보장을 위한 앞잡이 역할을 수행하다가 1956년 '8월 종파사건' 이후 대부분 소련으로 돌아갔다.

소련은 자신들이 점령한 북한 지역 주민의 자율적 활동을 인정했지만, 결코 방임하지는 않았다. 소련군사령부는 공산주의자들이 주도할 수 있도록 인민위원회를 재편한 후 행정권과 치안권을 넘겨주었다. 함경남도의 경우 8월 16일 함흥형무소에서 풀려난 1천여 명의 한국인이 함흥부를 접수하고 사무 일반을 한국인 직원에게 인계했다. 도내의 경찰서와 주재소도 한국인이 점거했다. 소련군은 8월 25일 함흥에 진주하며, 공산주의자들이 주도하는 함남인민위원회에 치안·행정을 맡겼다. 기독교의 영향력이 컸던 평양의 상황은 달랐다. 건국준비위원회 평남지부는 조만식曹晩植(1883~1950) 등 기독교 계통의 인물이 다수를 차지했고, 공산주의자들은 오히려 소수였다. 그러나 8월 24일에 소련군이 평양에 들어오면서 상황은 하루아침에 변했다. 소련군사령부는 건국준비위원회 평남지부의 명칭을 평안남도인민정치위원회

조만식 1945년 10월 14일 평양 공설운동장에서 열린 '소련군 환영 및 김일성장군 환영식'에 참석한 조만식. 조만식은 군정 초기에 소련군과 협력관계를 유지했지만 신탁통치 문제로 갈라선다.

로 바꾸고 조선공산당 평안남도지구위원회를 통합하여 새로운 정치 조직을 '좌우 1:1 합작'으로 개조하도록 조치해 공산주의자들의 활동 공간을 넓혀주었다.

소련은 김일성을 중심으로 추진한 북한에서의 건당建黨·건군建軍·건국建國 프로그램을 적극 후견했다. 김일성 항일유격대원들의 각 지방에서의 활동을 보장했으며, 김일성의 조선공산당 북부조선분국 결성도 적극 인정했다. 1945년 10월 14일 '평양시 민중대회'에서 김일성을 "조선의 위대한 애국자"로 대중 앞에 소개한 것도 소련군사령부였다.

반면에 소련군은 자신들에게 반대하는 인물을 정치무대에서 직접 축출하기도 했다. 소련군은 주둔 이후 1945년 10월 중순까지 평양에서만 1,090명을 체포했는데, 이들을 구속 사유로 분류하면 전범 399명, 정치범 352명, 형사범 339명이었다. 이 과정에서 민족주의 계열 인사들이 인민위원회에서 사퇴하거나 월남함으로써 평남인민정치위원회 내 공산주의자들의 영향력이 점차 커져갔다. 군 단위 인민위원회에서는 '친일적 요소'를 배제한다면서 민족주의 계열의 참가를 제한하기까지 했다.

1945년 11월 23일, 2차 세계대전 후 소련군이 점령한 지역 중 최초로 신의주에서 반공봉기가 발생했다. 일부 공산당원들이 자기의 직위와 권력을 악용하여 개인의 재산을 침해하고 사리사욕을 채우는 행동을 함으로써 공산당에 대한 대중의 불신이 폭발했던 것이다. 신의주 인민위원회 간부 가운데는 '적산'이라는 명목 하에 주민의 재물을 빼앗아 사취하는 인물까지 있었다. 사태의 해결 과정에서 공산주의자들은 개인적 처벌을 받았지만, 민족주의세력은 '반소反蘇' 혐의로 집단

신의주 반공봉기 신의주 반공봉기를 다룬 《조선일보》 1945년 12월 9일자 기사.

김일성 1945년 9월 원산을 통해 입국한 김일성은 비공개로 당 재건작업에 나섰고,
10월 14일 환영대회를 통해 처음으로 대중 앞에 모습을 드러냈다.

적인 처벌을 받았다. 그 결과 평안북도 임시인민정치위원회 간부는 대부분 공산주의자가 맡게 되었다.

소련군의 일제통치기구 해체와 점령통치기구 설치 및 한국인 주체의 인민위원회 재조직은 전쟁 지역이었던 함북과 38도선 접경의 강원도와 황해도를 제외하면 순조롭게 끝났다. 소련군의 개입 하에 일제로부터 행정권을 이양받은 북한 각 지방 인민위원회의 구성 형식과 주도세력 그리고 조직 명칭은 각양각색이었다.

소련군사령부는 각지에 조직된 인민위원회가 안고 있던 공통의 어려움을 해결하기 위해 1945년 10월 8일 평양에서 '5도 인민위원회 연합회의'를 개최했다. 회의에서는 농업 생산과 식량 확보 등 당면한 민생 문제 해결을 위해 평남인민정치위원회를 중심으로 각도 인민위원회가 참여하는 협의기구를 구성하기로 결의했다. 소련군의 개입 하에 지방 인민위원회 재조직사업은 12월 말까지 별다른 무리 없이 끝났지만, 인민위원회의 주민에 대한 통제력은 완전하지 못했다. 북한 내 각 정치세력은 자신이 신新국가 수립을 주도하기 위해 계속 갈등했고, 소련의 선택적 지지를 받는 세력이 정국을 주도해 나갔다. 북한에서 그 주체는 공산주의자들이었고, 대표적으로 김일성이 영도하는 항일유격대집단이었다.

2차 세계대전에서 연합동맹국이었던 미국과 소련은 한반도 문제를 미소공동위원회 등을 통한 협의로써 해결하는 모습을 보여주었다. 따라서 한민족의 통일과 독립은 미국과 소련의 한반도 정책에 크게 영양 받을 수밖에 없었으며, 미·소는 자국의 이익을 보장해 줄 정부를 만들려고 노력했다. 남북한의 각 정치세력들도 미·소와의 협력을 통한 통일임시정부 수립에 대응하여 움직였다. 그러나 시간이 흐를수록 미국과 소련의 대립, 갈등은 더욱 깊어졌고, 1947년 '트루먼 독트린' 이후 한반도에서의 미국과 소련의 협력과 대화도 끝났고, 정면대결로 나아갔다.

—정용욱·김광운

의 分占은 不當

美輿論에 繪川되는 三八線

「카이로」會議에서 介石氏와 英國代表가 合同으로 朝鮮을 獨立하여야 한다고 宣言하여 그것은 當然하다고 보는 것으로서 아무도 朝鮮의 獨立을 否認할것은 아니다 그러나 三十八度線을 分割占領한다는 것은 當然하지 아니하다

二次가 分割되여 있는 것과 같이 小範圍이 있다 三十八度線은 그러한 狀態에 빠졌다 함은 그것은 當然하다고 보것으로 나 朝鮮이여서의 아이고 있는데 이것은 當然 하다고 또한 狀態는 正當하다고 볼余이다

三十八度線以北은 以南은 森林이占領하고 나러한狀態는 正當하다고 볼수없다

不自然한 分離가되면 分離出現으로

美國과 공도되는 것이 朝鮮의獨立은

1945년 12월 모스크바에서 열린 미국, 영국, 소련의 3국 외상회담에서 논의된 한국 문제 결정서와 이 결정서를 둘러싼 국내 정치세력의 분열은 해방 후 정치상황과 역학관계에 중요한 영향을 미쳤다. 모스크바 외상회담에서 미국은 "미, 영, 중, 소 대표들이 모두 권한을 행사하고 1회 연장이 가능한 5년간의 신탁통치를 실시하자"고 제안했다. 소련은 "조선임시민주정부를 수립하고, 신탁통치도 이 정부와 협의하여 결정하자"고 했다. 논란 끝에 미국과 소련은 결정안을 확정했다(1945. 12. 27). 모스크바3상회의의 주된 결정사항은 미소공동위원회를 열어 조선임시민주정부를 수립하는 것이었다. 그리고 신탁통치는 조선임시민주정부와 협의하여 결정한다는 것이었다.

모스크바3상회의 결정과
신탁통치 파동

연합국의 전후 한국 처리 구상과 신탁통치안

카이로, 얄타, 포츠담 그리고 모스크바

2차 세계대전에서 일본의 패전이 임박하면서 대일전對日戰에 참가한 연합국은 일본 제국주의의 식민지 지배체제를 근본적으로 해체한다는 데 합의했다. 이러한 합의에 따라 연합국 사이에서 한반도에 대한 식민 지배를 종식시키고 한국인에 의한 정치를 복구하는 전후 한반도 처리에 관한 일정이 논의되었다.

그러나 연합국의 중심인 미국의 구상이 전후 한반도의 즉각적인 독립은 아니었다. 미국 대통령 루스벨트F. D. Roosevelt(1882~1945)는 1943년 영국 외상 이든Anthony Eden과의 회담에서 한반도가 인도차이나와 함께 '신탁통치trusteeship' 하에 있어야 한다는 뜻을 밝혔다.

미국은 이 같은 입장을 같은 해 11월 영국·중국과 합의한 카이로선언에서도 다시 확인했다. 그 결과 카이로선언에는 한반도를 '적절한 절차를 거쳐서 독립시킨다' 는 내용이 포함되었다. 연합국이 구상한 신탁통치 방안이 독립을 전제로 하는 선의에서 나온 것이라고 하더라도 구체적인 일정이 제시되지 않은 상태에서 진행되는 막연한 신탁통치

얄타회담의 3국 대표들 왼쪽부터 영국의 처칠, 미국의 루스벨트, 소련의 스탈린. 한반도 분할점령과 신
탁통치에 대해 논의되었으며 이후 한반도 분단의 계기가 되었다.

는 과거 일본의 식민지화를 떠올리기에 충분했다. 이러한 정보를 접한 중국 충칭의 임시정부는 연합국의 신탁통치 방안이 국제적으로 한국을 공동관리하려는 방침이라고 보고 분명한 반대의 입장을 표명했다.

그런데도 미국은 일본의 패색이 짙어가던 1945년 2월 얄타회담에서 재차 한반도에 대한 신탁통치를 다른 연합국에 제의했다. 미국은 50년간 신탁통치를 실시한 필리핀의 사례를 고려할 때 한국은 20년에서 30년 동안의 신탁 기간이 필요하다는 입장이었다. 그리고 일본이 항복하기 직전인 1945년 7월 열린 포츠담회담에서도 카이로선언에 대한 지지가 천명되었다. 이는 국제적 신탁통치라는 일정한 과정을 거쳐서 독립시킨다는 연합국의 전후 한반도 처리 방향의 재확인을 의미했다. 내용면에서 볼 때 1945년 12월 미국, 영국, 소련 세 나라가 모스크바에서 내린 결정은 이와 같이 미국이 제의해 연합국이 합의했던 기본방침의 연장선상에 있었다.

모스크바 3국외상회의

1945년 12월 16일부터 25일까지 미국, 영국, 소련은 2차 세계대전 이후의 문제를 처리하기 위해 모스크바에서 외무장관 회의를 개최했다. 1945년 8월 예상보다 빠른 일제의 항복으로 38선을 기준으로 분할 점령된 한반도 문제도 이 회의에서 논의되었다.

미국은 전후 처리 구상인 신탁통치안에 따라 미국, 영국, 중국, 소련 네 나라의 신탁통치를 최장 10년간 실시할 것을 제의했다. 반면 소련은 먼저 임시정부를 수립하고 한국인의 자주적 정부 수립을 미, 영, 중, 소가 원조하자고 수정제안했다. 이에 따라 신탁통치 기간을 1회에 한해 5년간으로 하는 조정안이 마련되었다. 모스크바3상회의에서 최종 합의된 이른바 '한국 문제에 관한 결정' 내용은 다음과 같다.

첫째, 한국을 독립 국가로 재건하고 민주원칙에 따른 국가 발전의 조건을 조성하며 일본의 지배와 잔재를 가능한 한 조속히 제거하기 위해 한국에 임시 민주정부를 세운다.

둘째, 임시정부의 수립을 지원하기 위해 미·소 양국의 대표로 구성되는 공동위원회를 창설한다. 이 과정에서 공동위원회는 한국의 여러 정당·사회단체들과 협의한다.

셋째, 공동위원회는 한국 임시정부 및 민주적 단체의 참여를 얻어 한국의 신탁통치를 위한 제반 조치를 강구하며, 5년 기한의 신탁통치를 4대 국에게 제안한다.

넷째, 2주일 내에 남북한의 당면한 문제를 심의하고 미·소 양군의 행정적 경제적 문제에 있어서 항구적인 조정 방안을 강구하기 위해 미·소 점령군 대표회의를 소집한다.

모스크바3상회의 결정은 한반도에 독립 임시정부를 수립하고, 이를 위해 미소공동위원회를 구성해 한국의 정당, 사회단체와 협의하며, 임시정부와 협의해 최장 5년간의 신탁통치를 실시한다는 내용이다. 이러한 결정은 즉각적인 독립정부 수립에 대한 한국의 열망, 신탁통치를 선호하는 미국의 입장, 그리고 미국과 소련의 분할점령이라는 정치군사적 현실이라는 세 가지 측면이 동시에 투영되어 있었다. 한국 문제에 관한 모스크바 결정의 세 가지 측면이 갖는 함의는 복잡한

모스크바3상회의 모스크바3상회의의 대표
들. 왼쪽부터 영국의 어네스트 베빈, 소련의
몰로토프, 미국의 제임스 번스.

한반도 정세에서 어느 정도는 현실적이면서도 이상적인 것이라고 볼 수도 있었다. 그러나 모스크바3상회의 결정 내용이 초기에 왜곡된 형태로 전달되면서 국내 정국은 극단적인 대립으로 치닫게 된다.

모스크바 결정 내용이 국내에 처음 알려진 것은 12월 27일이었다. 《동아일보》가 미국의 외신을 받아 "한국을 4개국 신탁통치 아래 두기로 결정했다"고 보도하면서부터였다. 당시 《동아일보》는 〈'소련은 신탁통치 주장, 소련의 구실은 38선 분할점령', '미국은 즉시 독립 주장'〉라는 제목으로 보도했다. 이 기사의 출처는 태평양 방면 미군들을 위해 일간으로 발행하던 《태평양성조지Pacific Stars and Stripes》 1945년 12월 27일자였는데, 이 기사를 합동통신사가 25일 워싱턴 발로 기사화했고, 《동아일보》는 이를 토씨 하나 바꾸지 않고 그대로 전재했다. 다른 신문들에도 비슷한 내용으로 기사화되었다. 12월 28일 모스크바3상회의 결정문이 나오기도 전이었다. 반면 《뉴욕타임즈》는 12월 28일에 가서야 결정서 전문 소개와 함께 한국 관련 결정 내용을 비교적 정확하게 보도했다.

신탁통치 파동

모스크바3상회의 결정에 대한 인식

해방 직후 미군과 소련군에 의한 '군사점령'이라는 현실에도 통일정부 수립 전망은 비관적이지 않았다. 독립정부 수립이 기정사실로 받아들여지는 가운데 미국과 소련에 의한 분할점령은 대일 전쟁의 연장선상에 있는 것으로, 38선은 군사적 차원의 임시 관할지역을 구분하는 선에 불과하며 정치적 분단은 아니라는 인식이 지배적이었다.

이러한 상황에서 날아든 모스크바3상회의 소식은 한국의 정치적 운명과 직결되는 중대한 결정이었고, 정치적 파장 또한 클 수밖에 없었다. 문제는 모스크바 결정 내용의 전문이 그대로 전달되기보다는 '신탁통치 결정'이라는 측면만 부각되는 형태로 왜곡보도됐다는 점이다.

모스크바 결정 내용이 국내에 알려지자 찬반을 놓고 극명한 대립이 나타나면서 상반된 정치적 입장이 표출되었다. 즉, 모스크바 결정 내용을 통일적 독립 임시정부를 수립하게 되었다고 받아들인 쪽과, 일단 독립이 유보되고 신탁통치가 실시된다고 해석한 측 등 찬반 세력이 각기 달리 받아들였던 것이다.

모스크바 결정에 대해 가장 먼저, 또 가장 적극적으로 반대운동을 조직한 충칭임시정부 계열은 신탁통치 반대운동을 '제2의 독립운동'으로 규정했다. 충칭임시정부 계열은 중국 망명 시절 이미 연합국의 방침을 알고 있었고, 모스크바 3상회의 결정으로 신탁통치가 현실화된다고 판단되자 반발했던 것이다. 임시정부 계열은 즉시 회의를 소집해 신탁통치에 대한 철저한 반대 입장 표명을 결의하는 동시에 연합국에게 발송할 신탁통치 반대 결의서를 작성했다. 이어서 임정 계열은 반탁운동을 조직해 1945년 12월 30일 신탁통치반대 국민총동원위원회를 결성했고 다음날 서울운동장에서 대대적인 반탁대회를 개최했다. 이후 반탁운동은 미군정조차도 '집단히스테리'로 표현할 만

東亞日報

蘇聯은 信託統治主張

蘇聯의 口實은 三八線分割占領

米國은 即時獨立主張

外相會議에 議論된
朝鮮獨立問題

朝鮮의 分占은 不當

美輿論에 繼出되는 三八線

신탁통치 관련 언론 기사 소련이 신탁통치를 제안했으며 미국은 한국의 즉시독립을 주장했다는 《동아일보》 1945년 12월 27일자 기사. 모스크바3상회의 결정이 나오기 전 보도된 이 오보로 인해 한반도에서는 지지파와 반탁파의 갈등이 폭발하게 되었다.

큼 격렬하게 전개되었다. 반탁세력은 '모스크바 결정은 독립을 일단 유보시켰으며, 나아가 소련이 주도하는 신탁통치를 통해 한국을 소련에 편입시키려는 결정으로 한국에게는 예속의 길'이라고 주장했다.

신탁통치를 반대하는 활동에는 즉시 독립에 대한 전 민족적인 열망이 어느 정도 반영되어 있음을 부정할 수 없다. 그러나 모스크바 결정 내용 자체는 즉시 독립에 결코 배치되는 것이 아니었다. 신탁통치 반대운동의 논리는 즉시 독립 요구와 함께 신탁통치를 소련의 음모로 받아들이는 반면 결정의 내용에 포함된 임시정부의 수립 조항은 외면한 데에 기초했다.

신탁통치 실시가 알려진 직후 조선공산당도 반대의사를 표명했다. 며칠 지나지 않아 조선공산당은 모스크바 협정의 주된 결정은 조선임시민주정부의 수립이고 연합국이 한반도에 통일정부를 세우는데 도움을 주기 위한 것이라는 소련의 입장을 수용했다. 모스크바 결정에 대한 조선공산당의 지지를 단순히 신탁통치에 대한 반대에서 찬성으로 돌아선 것이라고 볼 수는 없다. 모스크바 결정을 지지한 세력은 즉각적인 임시정부 수립을 지지한 것이었고 신탁통치를 일종의 후원으로 인식했다. 따라서 이러한 입장의 변화는 그들 스스로의 표현처럼 모스크바 결정을 이른바 '총체적으로' 받아들인 것이다. 그러나 아무리 공산당이 모스크바 결정의 내용을 설명해도 대중들은 받아들이지 않았다. 오히려 공산당이 소련의 앞잡이가 되어 나라를 팔아먹으려 한다는 임시정부와 한민당의 주장이 초기에는 대중적 설득력을 가졌다. 반탁세력은 '모스크바 3상회의 결정 총체적 지지'를 주장하는 좌파세력은 매국노이며, 반탁을 주장하는 자신들이 애국자라고 주장했다.

반탁 시위 1945년 12월 31일
서울운동장에서 열린 우익의
반탁집회.

반탁운동과 미군정

국내 정치세력의 엇갈린 반응은 임시정부 수립과 신탁통치를 함께 합의한 모스크바 결정의 이중성에 어느 정도는 내재되어 있었다. 그러나 신탁통치를 둘러싼 소동은 '신탁통치 방안은 소련에 의해 제기된 것으로 모스크바 결정은 소련이 한반도에서의 영향력을 확산하려는 음모의 결과'라는 왜곡된 정보가 도화선 역할을 하면서 확산된 것이다.

모스크바 결정에 관해 신탁통치 실시만을 강조한 것은 의식적이든 아니든 일부분만을 부각한 불합리한 반응이었지만, '신탁통치는 소련이 제안한 것이며 좌익지도자 박헌영이 한반도가 소비에트 연방에 편입되어도 좋다고 했다'는 당시의 일부 신문보도 내용은 음모라고 해도 좋을 만큼 심각한 왜곡이었다.

사실 여부에 상관없이 이 같이 잘못된 정보는 즉각적인 독립정부 수립에 대한 기대에 찬물을 끼얹고 모스크바 결정에 대한 분노가 분출되는 계기로 작용했다. 이후에도 신탁통치가 소련의 제의에서 비롯되었다는 뒤바뀐 주장은 남한에서 계속 확산되었고 미군정은 이러한 상황을 사실상 방치했다. 소련은 미군정이 모스크바 결정을 반대하는 세력을 지원하고 있음을 강력하게 비난하는 한편 신탁통치를 소련이 제의했다는 설을 반박하기도 했지만 모스크바 결정이 전해진 후 남한에서의 반소정서는 더욱 격심해졌다.

반탁운동이 고조된 것에는 미군 점령당국의 현지정책이 밀접하게 작용했다. 반탁운동이 고조되어 가고 있던 시점에서 전후 한반도 처리 수순에 관한 미국의 공식 입장은 4개 연합국의 신탁기간을 거쳐 독립시키는 것이었음이 분명했다. 그렇지만 현지 점령 이래 비우호적

모스크바3상회의 결정 지지 시위
1946년 1월 3일 서울운동장에서
열린 좌익의 조선자주독립민족통
일전선결성시민대회. '3상결정 절
대지지'라는 구호를 내걸고 있다.

인 소련의 북한점령과 남한의 혁명적인 정세를 직접 접하게 된 주한 미군은 모스크바 결정을 이행하는 것이 자국의 이익에 부합되기 어렵다고 판단했다.

미군정은 모스크바 결정이 한국의 독립에 배치되는 것이며 한국의 독립에 배치되며 그 배후에는 소련이 있다는 인식이 확산되는 데서도 일정한 기여를 했다. 한편 주한미군사령관 하지 중장은 반탁운동에 대해 독립을 열망하는 한국인들의 자발적 운동이라고 파악하면서 일견 본국의 정책과 배치될 수도 있는 모순된 입장을 취했다. 또한 미군정의 통치를 위협하지 않는 선에서 반탁운동을 묵인하기까지 했다. 비록 반탁운동 연장선상에서 미군정에 도전하는 급진적인 정권 쟁취 운동을 벌인 충칭임시정부 계열의 일시적인 모험에 대해서는 매우 신속하게 제재를 가했지만, 다른 한편으로 미군정은 격렬한 반탁운동이 급진 좌익세력을 누르고 친미적인 우파중심의 정국으로 재편되는 계기가 되었다는 평가를 내릴 만큼 반탁운동에 일정한 의미를 부여했다. 그리고 시간이 흐르면서 미국 정부 역시 이러한 현지 군정의 입장을 받아들이게 되었다.

사태가 이렇게 전개되자 소련은 1946년 1월 24일 《타스통신》을 통해 3상회의에서 미국이 신탁통치를 제안했다는 사실을 공개했다. 미군정은 이러한 기사가 나가는 것을 막기 위해 즉시 언론을 통제했다. 그러자 소련은 1월 26일 미, 소 양군 대표자 회의에 참석하러 서울에 온 소련대표 슈티코프에게 기자회견을 열어 《타스통신》 보도 전문을 발표하게 했다. 이를 통해 미군정이 반소선전을 허용하고 반탁운동을 고무했다는 사실이 밝혀졌다. 미국은 적지 않은 정치적, 도덕적 타격을 입었다. 이 무렵 실시된 미군정의 여론조사는 미국의 표리부동함이 드러나면서 위신이 바닥에 떨어졌음을 보여준다.

타스통신이 3상회의 협상 과정을 공개하면서 신탁통치 파동은 일단락되었다. 결정 내용에 대한 초기 보도 후 신탁통치에는 독립정부 수립이 전제된다는 점이 확인되면서 결정에 대한 냉정한 인식이 필요하다는 입장이 대두되었다. 그러나 반탁정국의 소용돌이는 그와 별개로 충칭임시정부 주도의 정치회의 소집을 통한 정권수립운동으로 이어지면서 좀처럼 진정되지 않았다. 그 결과 신탁통치 문제로 인한 정치갈등은 한반도의 정치지형을 찬반탁세력 간의 대립으로 변화시켰고, 이후에도 강력한 규정력으로 작용했다.

5당회의의 결렬

모스크바3상회의의 결정 내용이 알려지면서 반탁 입장이 지배적이었던 상황은 점차 지지 입장도 상승하는 방향으로 변화했다. 각 정당의 입장을 조정하려는 노력도 나타났다.

1946년 1월 7일 한국민주당, 국민당, 조선인민당, 조선공산당 등 4대 정당의 대표들과 임정 요인들이 경교장에서 회의를 열고 공동성명서를 채택했다. 공동성명서에는 "첫째, 모스크바3상회의의 조선에 관한 결정에 대해서는 조선의 자주 독립을 보장하고 민주주의적 발전을 원조한다는 정신과 의도를 전면적으로 지지한다. 신탁통치 문제는 새로 수립되는 정부가 자주 독립의 정신에 입각하여 이를 해결하게 한다. 둘째, 정쟁의 수단으로 행해지고 있는 암살과 테러 행동을 즉각 중지하며 모든 테러단은 자발적으로 해산한다"《조선일보》 1946년 1월

9일자)는 내용이 담겼다.

그러나 신탁통치 문제에 대한 기본 시각이 엇갈려 한민당과 국민당은 이 공동성명서를 파기한다고 선언했다. 1월 11일과 14일에 신한민족당이 추가된 5당회의가 열렸지만 이 회의에서도 신탁통치 문제로 의견이 맞섰다. 결국 1월 16일까지 네 차례에 걸쳐 열렸던 5당회의는 아무런 결실을 맺지 못하고 결렬되었다.

이에 따라 좌익세력이 빠진 채 임정세력 주도로 2월 1일 비상국민회의가 결성되었고, 좌익세력은 이에 맞서 2월 15일 민주주의민족전선을 조직했다.

모스크바 결정을 둘러싼 대립은 신탁통치에 대한 반대와 찬성이라는 단순대립으로만 볼 수 없는 정치적 함의를 가지고 있었다. 모스크바 결정에 찬성한 좌익세력은 신탁통치에도 불구하고 우선은 독립된 임시정부가 수립되며, 4개국 공동의 신탁이 실시되더라도 임시정부 구성에 다양한 정당과 사회단체가 참여하므로 해방 직후 대중기반에서 우위에 있는 자신들이 주도권을 행사할 수 있다고 보았다.

반면 가장 격렬하게 반대운동을 벌였던 임시정부 계열에게 모스크바 결정은 귀국 직후 꾸준히 모색해 온 임시정부 정통성 수립에 배치되는 것이었다. 다른 우익세력 역시 취약한 대중적 기반으로 인해 모스크바 결정의 이행이 결코 달갑지 않았다. 연합국의 후원을 받는 것이 불가피하다는 현실론이 우익 일각에서 대두되기도 했으나 이는 극히 소수의 입장으로 배척되었다.

결국 신탁통치에 반대한 세력은 신탁통치를 독립과는 먼 예속의 과정이라고 강조했고 이에 따라 반탁운동은 자연히 모스크바 결정과는

1차 미소공동위원회 왼쪽부터 1차 미소공위에서 담소 중인 하지 중장과 소련 대표단의 레베제프 소장.

스피코프 대장과 하지 중장 소련측 수석대표 슈티코프 대장이 가운데 서서 연설을 하고 있으며, 주한미군사령관 하지 중장은 그 왼쪽에 앉아 있다. 1946년 3월 20일.

1차 미소공동위원회가 개최된 덕수궁 석조전 한국전쟁 이전의 모습으로 당시 건축된 서양식 건물 가운데 규모가 가장 큰 건물이다.

다른 경로를 통한 정부 수립운동으로 이어졌다. 임시정부 계열은 반탁운동 과정에서 임시정부를 확대 강화하여, 이를 기초로 정부를 수립하는 계획을 추진했다.

1차 미소공동위원회와
남북분단의 고착

1차 미소공동위원회의 결렬

38선 이남의 반탁운동이 미군정의 묵인 속에 격렬하게 진행되는 가운데 1946년 1월 미국과 소련 점령당국대표 사이의 회의가 개최되었다. 남과 북의 군정대표들은 남북 간 우편물 교환, 전력 송전, 38선 왕래 허용 등의 사안에 대한 실무 합의에 이르기도 했지만 회의 과정은 순탄치 않았다. 이 회의가 가지는 의의는 실무 차원의 합의가 아니라 1개월 이내에 미소공동위원회(이하 미소공위)를 연다는 모스크바 결정에 따른 절차의 이행이 합의된 데에 있었다.

예비회의의 합의에 따라 1946년 3월부터 5월까지 서울에서 1차 미소공위가 개최되었다. 공동위원회에서 미소 양국은 미묘하지만 명확한 입장의 차이를 보였다. 소련 대표는 '앞으로 수립될 임시통일정부는 모스크바3상회의 결정을 지지하는 정당들과 사회단체들을 망라한 대중단결의 토대 위에 세워져야 함'을 강조하면서 모스크바 결정 이행 노력을 방해하는 중대한 난관이 존재하고 있음을 지적했다. 이는

● 1차 미소공동위원회(1946. 3. 20~5. 6)의 쟁점사항

쟁점	미국측 주장	소련측 주장
1. 공동위원회 참여 대상	신탁통치 반대는 표현의 자유다. 신탁통치 반대 단체들도 위원회에 참여시키자	신탁통치 반대는 모스크바 결정을 반대하는 것이다. 신탁통치 반대 단체들은 위원회에 참가할 수 없다.
	공동성명 5호(1946. 4. 18): 반탁운동을 했지만 지금부터라도 삼상회의 결정을 지지하면 참여시키자	
	계속해서 신탁통치 반대를 주장하는 우익단체 참여 주장	신탁통치 반대하는 우익단체 참여 반대
2. 위원회 참여 단체 수	남한은 25개 정당, 사회단체가 위원회에 참여할 것이다.	25개 중 우익은 22개이고 좌익은 3개뿐이다. 균형이 맞지 않는다.

반탁운동에 대한 우려와 견제를 의미하는 것이었다. 반면 미국 측에
서는 '표현의 자유는 절대적으로 보장되어야 하며, 소수파에 의한 한
국지배는 저지' 하겠다는 입장을 천명했다. 모스크바 결정에 반대하
는 반탁운동세력을 미소공위의 협의 대상에서 제외하려는 소련의 입
장에 대해 반대한다는 입장을 내놓은 것이다.

또한 미국은 남북 양 지역에 대해 우선적으로 행정적·경제적 통합
을 주장한 반면, 소련은 모스크바3상회의의 결정대로 임시정부를 세
우는 것이 우선이며 행정과 경제의 통합은 그 다음의 일이라고 맞섰
다. 결국 1차 미소공위는 다음 일정도 잡지 못하고 아무런 성과 없이
결렬되었다.

남북 대립의 장기화

1946년 초에도 모스크바회의의 한국 문제에 관한 결정은 여전히
유효했고 적어도 공개적으로는 미·소 양국의 공식입장이었다. 그러

나 실질적으로는, 남북 점령당국의 협력에 기초한 한반도 처리는 점차 불가능해지고 있었다. 남과 북은 각각 점령당국의 정치적 영향력 아래에서 모스크바 결정에 대한 찬반 정국을 거치면서 대립이 더욱 첨예해져 갔다. 이처럼 모스크바회의 결정에 따라 진행된 일련의 과정은 민주적인 정당·사회단체와의 협의를 통한 임시정부의 수립이나 신탁의 원활한 시행이라는 목적을 실현하는 것이라기보다는 미국과 소련의 점령 하에 있고, 좌우의 대립이 표면화된 남과 북에서 어느 정도 예정된 수순이었다.

해방 직후만 하더라도 한민족에게 한반도의 분단은 임시적인 상황일 뿐이었다. 그러나 점차 미소 양국의 점령은 각각의 해당 점령지역의 정세를 결정짓는 거의 절대적인 요인이 되었다. 연합국은 모스크바 결정을 통해 한반도에 독립정부를 수립하는 정치 일정에 관한 합의에 이르렀지만 이러한 합의는 점령 통치 과정에서 점차 파기되었다. 미소냉전이 본격화되기 이전부터 남한의 미군 점령당국은 소련의 음모와 급진세력의 우세를 우려했고 그에 대응한 정책을 시행했다. 소련 역시 모스크바 결정이 왜곡되는 과정에 미국이 개입되어 있다는 점과 소련을 겨냥한 우익세력의 격렬한 반탁운동에 적대감을 나타냈다. 1946년 초 모스크바회의 결정은 본격적인 실행에 들어가기도 전에 이미 그 전도가 어두워졌고 남과 북에서는 점령당국의 묵인이나 지원 하에 배타적인 각각의 정치 일정이 진행되기 시작했다. 반탁운동은 그러한 분열의 출발점에 있었다.

분단의 고착화는 1947년경 좀 더 분명해지지만 1946년부터 이미 모스크바 결정을 둘러싼 대립을 거쳐 군사적 분할이 정치적·이념적 분할로 확대되면서 분단이 장기화될 징후가 보이기 시작했다. 미소 점령당국은 군사적 점령을 통해 자국에 우호적인 정치세력을 지원하고자 했다. 북한에서 소련 군정은 초기부터 급진적인 개혁 요구에 부응할 수 있는 비교적 잘 조직된 좌익 정치세력에게 정치적·행정적 자율권을 부여했다. 반면, 남한의 경우 점령 초기부터 보인 폭발 일보직전의 정세가 미군정 통치에 유리한 것은 아니었다.

북한에서는 소련 점령당국의 지원 하에 1946년 2월 통일까지 북한의 행정을 관장할 목적으로 임시인민위원회가 구성되어 도 단위에만 존재했던 행정조직을 통할하는 임시 정권기관이 수립되었다. 임시인민위원회는 미소공위가 시작된 3월 토지개혁, 주요산업의 국유화를 비롯하여 노동법, 남녀평등법 등의 실시를 명시한 정강에 따라 북한만의 이른바 '민주개혁'을 진행했다. 1차 미소공위가 결렬되는 중에도 이러한 과정은 계속되었다. 이와 더불어 통일전선체로서 '북조선민주주의민족통일전선'이 결성되었다.

북한이 독자적인 개혁과 정치일정을 진행하는 동안 남한에서도 미군정에 의해 우익세력을 중심으로 하는 정치 일정이 진행되었다. 미군정은 점령 직후부터 혁명적인 급진세력에 대응하기 위해 일제 강점기부터 치안에 충분한 능력을 발휘한 바 있는 구 경찰조직을 복구하는 한편 친미적이고 영어를 구사할 줄 아는 '교육 수준 높은' 정치세력을 미군정의 자문역으로 위촉하여 육성하고자 했다. 그중 해외에서 귀국한 이승만은 미군정이 지원하려는 세력의 중심에 있었다. 임시정부 계열에 대해서는 정부로서는 조금도 인정하지 않았지만 우파정치세력으로서 김구를 비롯한 임정 계열 개별 인물들의 정치적 역할에 대해서는 높이 평가했다.

미군정의 목적은 남한은 물론 북한까지 통합할 수 있으면서 미국에 우호적인 정치세력을 결집하는 것이었다. 그리고 이는 반탁운동 정세와 맞물려 더욱 가속화되었다. 미군정은 이승만과 충칭임시정부 계열의 합작 결과인 '비상국민회의'의 핵심 인물들로 남조선대한국민대표민주의원(이하 민주의원)을 구성했다. 미군정은 민주의원을 군정자문기구이자 미소공위의 협의 대상으로 기획한 것이다. 그러나 보다 본질적인 목적은 북한의 친 소련세력과 남한 좌익세력에 반대한 연합전선을 구축해 장래 친미정권 수립을 위한 근간을 만들려는 데 있었다. 남한의 좌익세력도 모스크바 결정에 대한 총체적 지지 입장을 천명한 가운데 미소공위의 정당·사회단체 협의에 대비한 연합전선체로서 민주주의민족전선을 결성했다.

민주의원은 그 명칭과 달리 미군정조차 남한 정치세력을 대표하지도 않고 또 민주적이지도 않다는 평가를 내렸을 만큼 성공적인 것은 아니었다. 미군정은 좌우합작을 명분으로 여운형, 김규식 등 중도파 세력을 묶어 우익 계열의 외연을 두텁게 하려 했으나 이 또한 실제 결과는 그렇지 못했다. 이후에도 미군정은 지속적으로 민주의원과 같이 남한에서 미국의 이해를 대변해 줄 정치세력의 기반이 확대되기를 기대했다. 그리고 그러한 정치적 실체가 전략적으로 남한을 대표하고 나아가 그 영향력을 전 한반도로 확대시킬 수 있는 기반이 되도록 도모했다.

2차 미소공동위원회 결렬과
한국 문제의 유엔 이관

2차 미소공동위원회의 결렬

남과 북은 1946년 말에서 1947년 초 더 이상 되돌리기 어려운 정치적 상황에 접어들었다. 북한에서는 1946년 내내 토지개혁 등 이른바 반봉건 '민주' 개혁을 진행했다. 이를 기반으로 1947년 2월 입법기관인 최고인민회의가 소집되었으며 행정기관으로서는 김일성을 위원장으로 하는 북조선인민위원회가 구성되었다. 남한에서는 1946년 12월 남조선과도입법의원이 구성되었고, 이는 이듬해 6월에 남조선과도정부로 발전했다. 한편 이승만은 1946년 6월 남한만의 단독정부를 주장하고 나섰으며, 그 해 12월에는 미국이 남한만의 단독정부 수립을 유엔에서 해결해 줄 것을 요청했다. 이와 같은 정세는 통일정부 수립에서 분명 암운일 뿐 아니라 더 나아가 내전 발발까지 예견되는 위기상황이었다.

국제연합국으로서 미국과 소련의 협조노선도 끝났다. 2차 세계대전 후 소련군의 진주로 해방된 유고슬라비아, 헝가리, 폴란드 등에서 공산정권이 수립되자, 미국의 트루먼 대통령은 1947년 3월 12일 공산주의의 확장을 막기 위해 군사와 경제원조를 제공하겠다는 트루먼 독트린을 발표했다.

2차 미소공위는 이러한 국내의 정치적 대립과 세계사적인 냉전이 현실화된 시점에서 다시 개최되었다. 약 한 달간 서울에서 진행된 2

차 미소공위에서는 공동위원회와 정당·사회단체와의 협의 문제에 관해 진전을 보이는 듯했다. 그러나 2차 미소공위 역시 1차 때와 마찬가지로 공동위원회와 협의할 '민주적'인 정당과 사회단체에 합의하지 못했고 결국 일방적인 성명이 되풀이되는 가운데 10월 결렬되었다. 2차 미소공위는 국제적으로 이미 시작된 미소 간 냉전의 축소판이었고 결렬 역시 예견된 수순이었다.

모스크바3상회의에서 유엔으로

2차 미소공위의 결렬로 모스크바 결정에 의한 한국 문제 해결 방안은 사실상 폐기되었다. 분할점령은 더 이상 임시적인 것이 아니었으며 38선은 단순한 군사상 임시 분계선이 아닌 일종의 국경이 되어 가고 있었다. 미국은 모스크바 결정의 파기를 전제로 소련과 협상을 시도했다. 미국의 제안은 남과 북의 인구비례에 의한 유엔감시하의 총선거를 통해 한국 문제를 해결한다는 것이었다. 이는 이승만의 주장과 일치하는 것이기도 했다. 소련은 이러한 미국의 제안을 거부했다. 미국과 소련의 분할점령이 초래한 남과 북의 정치적 영향은 점령과 동시에 이미 나타나고 있었지만 1947년 말 시점에는 더욱 분명해졌다. 이제 남과 북은 단순히 지리적으로 분할된 상황이 아니었으며 38선 남북의 정치적 문제를 해결할 수 있을 정도의 합의도 존재할 여지가 없었다. 소련과 북한의 입장에서 볼 때 남북 인구비례에 의한 선거는 상대적으로 인구가 많은 남한이 정치적 우위를 갖게 되는 것으로, 남과 북이 정치적으로 일 대 일의 관계가 아니라는 것을 의미했다. 게다가 미국이 주도하는 유엔이 총선거를 관리한다는 것은 소련이나 북한에게는 더더욱 불리한 조건이었다. 한편 미국 역시 이러한 제안으로 소련의 합의를 얻을 수 있다고는 판단하지 않았다. 결국 단독으로 유엔에 상정하여 유엔을 통한 남한만의 단독정권 수립으로 이어졌다.

모스크바 결정은 통일정부 수립, 미·소 협조, 그리고 4개국 공동의 신탁통치라는 세 가지 내용을 담고 있다. 이는 현실적으로 서로 모순된 것으로 종전 직후의 복잡한 국제관계에서는 실현되기 어려웠다. 다른 한편으로는 모스크바 결정이 취지대로 이행되었다면 비관적인 정세에도 한국의 정당과 사회단체를 기반으로 하는 독립정부를 수립해 주체적이고 통합된 정치체제를 회복하는 기회가 되었을 것이다.

그러나 실제로 현실화된 것은 그와 같은 기회가 아니라 분열과 분단, 그리고 내전의 위기였다. 결국 모스크바 결정은 '총체적 지지'와 '신탁통치 반대'의 격렬한 대립 정국을 거치면서 험난한 전후 국제정세 속에서 평화적인 자주독립을 실현하기 위한 민족 역량의 총결집이 아니라 그 정반대인 대분열로 귀결되었다. 그 대립 과정에서 민족적 과제인 일제 식민잔재의 청산은 뒤로 미루어졌고 친일세력도 '반탁'을 명분으로 면죄부를 받았다. 또한 강대국 미국과 소련의 이해관계에 따라 민족 내부 대립이 증폭되었다. 처음 일본군의 무장해제를 위해 편의적으로 그어졌던 38선이 국제적, 정치적 분열선으로 고착돼 가고 있었던 것이다.

−정창현

역사에 가정은 없다지만 해방정국에서 국내외 정치세력들이 하나의 세력으로 단합했더라면 강대국에 좌우되지 않는 독립적이고 자주적인 단일정부를 수립할 수 있었을까? 좌우합작운동은 2차 세계대전의 대일본 연합전선 당사국인 미국과 소련 양 강대국에 의해 1945년 8월에 한반도가 분할됨 이후 해방정국에서 이를 극복하고자 하는 이른바 중도파로 불리우는 국내 정치세력들의 움직임으로 나타났다. 좌우합작운동 와중에 설치된 남조선과도입법의원(1946. 12. 12)은 미군정이 군정 초기부터 자신들의 남한지배에 정통성을 부여하기 위해 필요했던 한국인 대의기관 의도를 관철시킨 것으로, 1차 미소공위 실패(1946. 5. 8) 후 좌우합작과 함께 중도파 육성을 위해 미군정에 의해 설치되었다. 남한 단독정부 수립 전인 1948년 5월 19일에 해산된 입법의원은 법률 공포와 심의 등을 수행했으나 미군정의 입김에서 자유롭지 못했기 때문에 독립국가의 입법기구와는 거리가 멀었다.

좌우합작운동과
남조선과도입법의원

좌우합작운동

좌우합작운동이 전개된 배경

1945년 8월 15일의 해방은 우리 힘에 의해 '쟁취한 해방'이 아닌 외세에 의해 '주어진 해방'이었다. 이러한 해방의 타율성은 미국과 소련에 의한 한반도의 분할로 나타났고, 이는 이후 한반도 분단을 고착화시키는 계기가 되었다.

한반도 분할의 기정사실화에 다름 아닌 모스크바3상회의 결정(1945. 12. 28)이 내려지자, 국내 좌우익의 반응은 찬탁과 반탁으로 극명하게 양분되었다. 좌익의 경우, 1946년 1월 1일 신탁 문제에 관한 담화문에서 "신탁통치 해결 방법은 민주주의적 민족통일전선을 견고히 결성하는 데 있어서만 가능하다"는 주장을 폈는데, 이는 우익 측에 유리한 조건을 제공했다. 즉 좌익 측의 민족통일전선 결성(1945. 11. 1) 요구에 대해 소극적인 태도를 취했던 이승만과 김구가 '거부의 명분'을 가질 수 있도록 했고, 나아가 반탁을 중심으로 민족진영 지도자들을 뭉치게 하는 구실을 제공했다.

우익의 경우, 먼저 충칭임시정부 계열(이하 임정 계열)은 1946년 1월 4일 비상정치회의를 소집해 비상정치회의 준비위원회를 구성했으며,

2월 1일에는 이승만의 독립촉성중앙협의회를 비롯한 전 우익 정당·사회단체와 중도파 정당들이 참석한 가운데 비상국민회의로 발전시켰다. 여기서 비상국민회의는 최고정무위원회를 구성해 이승만·김구·김규식 등 28명을 위원으로 선출했고, 2월 14일에는 최고정무위원회에서 민주의원으로 개칭해 비상국민회의와 함께 반탁을 표방하는 우익의 대표기관이 되었다. 민주의원은 당시 미군정 당국이 격렬한 반탁운동을 벌일 것으로 예상되는 비상국민회의를 견제하고, 곧 개최될 미소공동위원회(이하 미소공위)의 협의 대상인 통일기구가 필요했기 때문에 만든 기구였다.

그 후 한반도 문제 해결의 구체적 실천 회담인 미소공위가 1946년 5월 8일 결렬되면서 통일정부 수립은 더욱 요원하게 되었다. 미소공위의 결렬은 이미 예견된 것이었다. 미국과 소련은 전후 전리품의 하나로 획득해 남북으로 각각 분할·점령한 한반도를 상대국이 전체 지배하는 상황을 견제하고, 각기 자국에 우호적인 정부를 한반도에 수립하려 했기 때문이다. 이때 미 국무부의 지시에 따른 미군정의 제안으로 시작되어, 미소공위 재개 촉진과 좌우익을 망라한 남북 통일정부 수립을 목표로 하는 남한 내 정치세력의 움직임으로 나타난 것이 곧 좌우합작운동이었다.

좌우합작운동의 1단계(1946년 5월~10월)

1차 미소공위 결렬 직후인 1946년 5월 25일에 시작된 좌우합작운동은 세 차례의 예비회담을 거친 후 6월 30일, 존 하지 미 군정장관의 합작 지지 성명을 계기로 활기를 띠어 갔다.

좌익 측은 새로이 전개되는 좌우합작에 대해 초기에는 확고한 정책이 없었던 것으로 보인다. 박헌영의 평양행(1946. 7. 22) 이전에는 좌우합작에 대해 관망적인 태도를 보였을 뿐, 후에 벌어지는 폭력적이고 방해적인 행동은 취하지 않았기 때문이다. 우익 측도 초기에는 적극적이지 않았다. 원세훈이 예비회담 때부터 우익 측 대표로 참여하긴 했으나 개인 자격에 불과할 뿐 한민당을 대표하는 것은 아니었다. 하지만 하지의 합작 지지 성명은 좌우합작에 대한 미군정 최초의 공식 지지 표명으로 나타났고, 미군정의 강력한 후원 아래 이루어지는 좌우합작에 대해 무관심할 수가 없게 되자 한민당은 지지성명을 발표하게 된다. 이어 이승만의 지지 발언과 한독당의 지지 담화도 발표됐다.

기타 정당·사회단체들도 이 움직임에 대해 관심을 갖고 적극적인 지원을 하게 되는데, 이것은 미소공위 재개 촉진과 남북통일을 위한 "정국의 비약을 희구하는 절박한 정세에서의 한 표현"으로 해석되기도 했다.

입법기관 설치안으로 인해 정국이 다소 어수선하기는 했지만 좌우합작운동은 김규식과 여운형 양자의 개인적 접촉에서 발전한 합작공식기구인 합작위원회를 결성(1946. 6. 30)하고, 대표단과 비서국을 선출, 설치했다. 합작의 토대를 구체적으로 마련하게 된 것을 계기로 좌우합작운동의 진행은 가속화되었다. 그러나 7월 26일 예정이었던 제1차 정례회담이 좌익대표 이강국의 합작원칙 5개 조항의 비공식 제출로 인해 유회된 후 7월 29일로 제2차 정례회담이 미뤄졌다. 5원칙을 통해 좌익 측은 ① 3상회의 결정의 전면적 지지라는 종래의 기본입장을 되풀이했고, ② 북조선민주주의민족통일전선과의 연대를 주장했

김규식과 여운형 1946년 5월 1차 미소공동위
원회가 결렬되자 미군정은 미소공위 재개를
촉진하고 좌우익을 망라한 남북 통일정부를
수립하기 위해 좌우합작을 적극적으로 추진했
다. 이에 따라 시작된 좌우합작운동은 김규식
과 여운형의 개인적 접촉에서 발전한 합작공
식기구인 좌우합작위원회의 결성(1946년 6월 30
일)으로 토대를 마련하면서 가속화되었다.

다. 또한 ③ 토지 분배에 있어 무상몰수·무상분배 원칙을 고수했고, ④ 친일파의 즉각 처리와 인민위원회로의 정권 이양, ⑤ 입법기관 창설 반대의 입장을 표명했다. 이와 같은 좌익의 합작 5원칙에 대해 민주의원, 비상국민회의 상임위원회 연석회의 등의 우익 측에서는 "전연 합작하지 않겠다는 의사와 흡사하다"는 반응과 함께 "북부조선과 마찬가지로 남부조선에도 공산주의 제도를 실시하자는 것"이라고 언급하며 반대의사를 나타냈다. 이 반응은 5원칙 중 제4항 '인민위원회에로의 정권 이양' 주장에 대한 것으로, 이것이 북한의 실례實例를 전제로 한 정권 장악의 한 표현이라고 받아들였기 때문이다.

한편 7월 29일에 예정되었던 회담이 여운형의 신병으로 8월 2일로 연기되자, 앞서 발표된 좌익 측의 5원칙에 대응하여 우익 측에서는 7월 29일에 다음과 같은 합작 8원칙을 발표했다.

1. 남북을 통한 좌우합작으로 민주주의임시정부 수립에 노력할 것,

2. 미소공위 재개를 요청하는 공동성명을 발표할 것,

3. 소위 신탁 문제는 임정 수립 후 동정부가 미소공위와 자주독립정신에 기하여 해결할 것,

4. 임정 수립 후 6개월 이내에 보선에 의한 전국국민대표회의를 소집할 것,

5. 국민대표 성립 후 3개월 이내에 정식정부를 수립할 것,

6. 보선을 완전히 실시하기 위하여 전국적으로 언론·집회·결사·출판·교통·투표 등의 자유를 절대 보장할 것,

7. 정치·경제·교육의 모든 제도법령은 균등사회 건설을 목표로 하여 국민대표회의에서 의정할 것,

8. 친일파·민족반역자를 징치하되 임시정부수립 후 즉시 특별법정을 구성하여 처리케 할 것.

여기서 우익 측은 일단 미소공위 재개의 필요성은 인정하나 신탁통치 문제에 대해서는 유보 입장을 취하고 있다. 또한 친일파 처리 문제도 임정 수립 뒤로 미루고 있다. 물론 "임시정부 수립을 제일 목표"로 했다고는 하나 좌익 측의 원칙과 비교했을 때 당면 문제, 즉 신탁 문제, 친일파 처리 문제 등에 대해 미온적인 입장만을 제시한 것이다. 더군다나 토지 문제에 대해서는 언급조차 하지 않은 것은 친일적인 행적을 배경으로 지주·자산가 등이 주류를 이루고 있는 한민당 등 우익계 인사들의 계급 구성과 무관치 않다.

좌익 측은 이에 대해 성명을 발표했는데, 8월 31일 민주주의민족전선(이하 민전) 사무국은 우익 측 8원칙에 대해 "행동통일의 원칙이 표명되어 있지 않고, 일체를 정부수립 후로 미루어 정부수립에만 급급"하다고 비판했다. 또한 "이박사의 정치노선을 그대로 답습한 것"이라면서 원칙의 구태의연함을 지적했다.

이 시기 이후 좌우합작운동은 별다른 진전을 보이지 못하는데, 주 원인은 남로당 간부 체포령과 좌익 내부의 3당 합당 문제였다. 여운형의 신병으로 좌우합작회담이 지연되고 간담회 형식의 회담조차 좌익 측의 불참으로 유회되던 중 미군정은 이강국 등 남로당 간부에 대해 불법 활동을 했다는 이유로 체포령을 내린다. 이에 따라 남로당은 지하로 잠입하게 되고, 이들의 강경 노선이 노골화되면서 좌우합작운동에 대한 방해활동이 표면화되기에 이른다. 그리고 8월 1일 이후 북한의 합당에 자극을 받은 남한의 좌익 3당인 공산·인민·신민당의 합당 문제가 제기되면서 좌익 내부의 혼란이 격해졌고, 좌우합작운동은 사실상 정돈 상태에 들어가게 된다. 3당 합당 문제는 3당 모두에게 격렬한 당내 투쟁을 불러 일으킨, "좌익 진영으로서는 해방 후 처음으로 대내적인 혼돈과 알력을 노정시킨 것"이었다. 민전 의장단에서도 합작 추진파(여운형, 장건상, 백남운)와 반대파(홍남표, 허헌)로 양분되어 좌우합작에 적극 참여하기가 어려웠다. 합당 문제로 인민당 내의 다수가 탈퇴해 남로당에 흡수되었기 때문에 좌익을 대표하고 있던 여운형의 위치도 다소 불안해졌다.

그러나 인민당과 신민당의 합당 문제로 분열되었던 합작 지지 세력이 새로 정비되면서 여운형은 좌익 측의 대표를 개편했고, 이에 따라 답보 상태에 있던 좌우합작이 재개될 조짐을 보였다. 그리고 10월 1일, 북한 방문을 마치고 돌아온 여운형의 자신 있는 태도 표명은 좌우합작을 다시 추진시킨다. 이에 따라 10월 4일 합작위원회는 좌익 측의 5원칙과 우익 측의 8원칙을 절충해 합작 7원칙을 결정했다. 합작 7원칙이 내용은 다음과 같다.

1. 조선의 민주독립을 보장한 3상회의 결정에 의하여 남북을 통한 좌우합작으로 민주주의임시정부를 수립할 것,
2. 미소공위 속개를 요청하는 공동성명을 발할 것,
3. 토지개혁에 있어 몰수, 유조건 몰수 체감매상 등으로 토지를 농민에게 무상으로 분여하며, 시가지의 기지 및 대건물을 적정처리하며 중요산업을 국유화하며 사회노동법 및 정치적 자유를 기본으로 지방자치제의 확

립을 속히 실시하며 통화 및 민생 문제 등을 급속히 처리하여 민주주의 건국과업 완수에 매진할 것,

4. 친일파 민족반역자를 처리할 조례를 본 합작위원회에서 입법기구에 제한하여 입법기구로 하여금 심리결정하여 실시케 할 것,

5. 남북을 통하여 현정권 하에 검거된 정치운동자의 석방에 노력하고 아울러 남 북 좌 우의 테러적 행동을 일체 즉시로 제지토록 노력할 것,

6. 입법기구에 있어서는 일체 그 권능과 구성 방법, 운영 등에 관한 대안을 본 합작위원회에서 작성하여 적극적으로 실행을 기도할 것,

7. 전국적으로 언론 집회 결사 출판 교통 투표 등 자유가 절대 보장되도록 노력할 것.

합작 7원칙은 기본적으로 모스크바3상회의 결정을 수긍하는 입장에서 미소공위 재개 촉구를 통해 민주주의 임시정부 수립을 주장한 것이었다. 합작 7원칙이 좌익측 5원칙과 다른 점은 3상회의 결정 지지를 좌익측이 인민위원회를 토대로 한 정권장악 수단으로 생각했던 반면, 7원칙에서는 순수 좌우합작을 통한 정부수립으로 제시했다는 것이다. 그리고 토지개혁에 있어서도 몰수·유조건 몰수·체감매상·무상분배 방법 등을 제시해 좌익 측보다는 과격하지 않았다. 또한 입법기구 설치 제안과 친일파 처리 문제를 입법기구에 위임해 좌익 측의 무조건적이고 즉각적인 친일파 숙청 제안과는 의견을 달리하고 있다.

입법기구 설치안에 대해 하지는 "조선 민족의 완전통일과 독립 과정상 진일보된 걸음"이라는 긍정적인 반응과 함께 지지성명을 발표했으며, 미국 대통령 특사인 폴리Pauley도 "일본 배상 문제 결정에 있

어서 예상하고 있는 민주주의 정부가 조선에 수립되는 데 일보 전진을 보인 것"이며, 좌우합작의 성공으로 통일정부가 수립된다면 궁극적으로는 "극동의 복리를 의미하는 것"이라는 긍정적인 평가를 내렸다. 이승만의 경우 좌익의 반대를 전제로 "합작 효력이 의문"이라는 회의적인 반응을 보인 반면, 김구의 경우 독립자주정권의 조속한 수립과 민족통일이 목적인 좌우합작의 성공을 위해 "시종 지지하고 협동할 것"이라는 절대지지 의사를 표명했다.

우익세력의 대표격인 한민당은 합작 7원칙 중 탁치 문제와 토지 문제에 대해 문제점을 지적, 결과적으로 반대의사를 표명했다. 즉 1, 2항은 신탁통치 문제에 대해 분명한 의사표시가 명시돼 있지 않고, 3항은 유상 매상한 토지의 무상분배가 국가재정을 파탄낼 것이라고 비판했다. 이들은 합작위원회를 "비좌非左, 비우非右이며, 비반탁, 비찬탁이라는 극히 애매하고 모호한 중간파, 회색적이며 기회주의적인 중간파"라고 비난했다. 나아가 합작위원회가 "남로당의 이해를 대변"하고 있다고 비난했는데, 이미 이승만의 남한 단정론에 한민당이 동조·편승해 갔던 점으로 미루어 우익은 애초 미소공위 재개와 이를 촉구한 좌우합작에 크게 기대를 걸고 있지 않았다. 또한 좌우합작운동을 지지하고 있던 미군정 당국에 대해서도 "좌도 가可, 우도 가, 좌우합작은 더욱 가하다는 무정견 무정책의 애매모호한 태도"는 정국의 혼돈을 초래했고, 결과적으로 추진 정책은 실패로 끝났다고 비판을 가했다.

한편 좌익세력의 대표격인 공산당은 5원칙만이 합작 원칙이 될 뿐, 7원칙은 남한 단독의 입법기관 설치를 위해 만들어진 것이라는 반대

左右合作

성명을 발표했는데, 불법화된 좌익 계열의 계속 참여는 본질적으로
불가능했다. 좌익세력의 강경투쟁 노선은 7원칙의 합의를 방해하기
위해 여운형 납치 등의 방해 공작으로 이어지기도 했다.

　좌·우익을 대표하는 공산당과 한민당의 합작 7원칙에 대한 이상과
같은 반응은 당시 7원칙이 양 진영으로부터 완전한 동의를 얻지 못했
음을 뜻하는 것이었고, 따라서 좌우합작이라는 본래 목표는 달성될
수 없음을 의미했다. 그러나 합작 7원칙의 제시와 그에 따른 반응으
로 남한 정국은 변화를 맞게 된다. 즉 공산당의 극좌모험주의 노선에
서 이탈해 형성된 중간좌파와 한민당 탈당 세력을 중심으로 형성된
중간우파가 결집해 극좌·극우세력 사이에 '제3의 정치세력'을 형성했
다. 이 점은 좌우합작운동의 의의로 평가되는데, 미군정은 이 세력을

중심으로 과도입법의원 구성에 나서게 된다. 이 외에도 합작위원회는 당시 남한 일대에서 일어났던 파업 및 소요 사건 등 당면 문제에 대한 해결책을 모색하기 위해 한미공동회담 개최를 건의해 성사시켰다. 한미공동회담은 1946년 10월 23일부터 11월 말까지 계속되어, 그 의의는 8·15 이후 비록 독립국가로서의 위치는 아니었으나 남한이 미국의 정책을 수행하고 있던 미군정을 상대로 인사·경제·정치 문제 등 광범위한 토의를 통해 미군정의 경찰 행정과 식량 행정의 실패, 경찰의 불법적 고문, 친일파 등용, 통역정치의 폐해, 군정관리의 부패 등 당시 문제를 제기했다는 데 있다.

이들은 이어 2단계 활동, 즉 미소공위 속개 요청과 남조선과도입법의원 참여 등을 해 나가게 된다.

좌우합작운동의 2단계(1946년 11월~1947년 12월)

합작위원회는 7원칙 발표 후 미소공위 재개 촉구 성명을 발표해 조속한 회의 재개를 요구했다. 미소 양국의 당국자 간에도 공위 재개 교섭에 진전이 있어 공위가 재개되자 합작위원회는 중간파 세력 결집에 더욱 박차를 가하게 된다. 1947년 6월 15일에 김규식·여운형·안재홍·원세훈·홍명희 등 100여 명은 시국대책협의회를 구성해 중간파 세력의 기반을 공고히 하기 위한 준비 작업에 들어갔다. 그러나 같은 해 12월 24일 하지의 비밀서한, 즉 "공위성명서 5호에 서명한 것은 모스크바 결정을 전적으로 지지"한 것으로 본다는 내용이 공개되자 전국은 다시 반탁의 열기에 휩싸이게 된다. 한민당이 주축이 된 35개 단체의 합작위원회에 대한 비난성명서가 제출되고, 민주의원 정례회의

안재홍과 홍명희 1920년대 신간회 총무간사 시절 문인 홍명희(왼쪽)와 함께 현충사를 참배한 후 찍은 사진.안재홍은 김규식, 여운형 등과 함께 중간파 세력을 형성했으며, 좌우합작운동을 함께했다. 안재홍은 일제 강점기부터 여운형과 관계를 유지해 왔으며, 해방 직전 건준 부위원장을 맡는 등 여운형과 친밀했으나 박헌영에 대해서는 불편함을 감추지 않았다. 1946년 12월에 남조선과도입법의원회 의원으로 당선되었으며, 1947년 2월 5일에는 미군정의 민정장관으로 부임했다.

에서는 우익 측 대표 4인의 소환을 결정하는 등 합작위원회에 대한 비난이 증가했다.

1947년 5월 21일, 2차 미소공위가 열렸으나 별다른 성과는 거두지 못했다. 회담 실패의 표면적인 이유는 1차 미소공위 때와 마찬가지로 협의 대상 선정에 대한 양국 간의 이견 표출이었다. 그러나 미국으로서는 이미 대소 강경 정책인 트루먼 독트린을 1947년 3월 13일 발표한 이후였기 때문에, 2차 미소공위의 활동 및 결과에 대해 크게 기대하지 않았다. 단지 미국이 재개 협상에 응한 것은 한국 문제의 단독 처리에 앞서 확고한 명분을 세워야 했기 때문이다.

2차 미소공위의 실패는 미소공위를 통한 통일민주주의 임시정부수립이라는 일차적인 목적을 지녔던 좌우합작운동의 의미를 상실케 했으며, 여운형의 피살(1947. 7. 19)은 좌우합작운동의 지속을 어렵게 만든 요인이 되었다. 합작위원회는 7월 10일 2차 미소공위가 사실상 결렬되고, 미국에 의해 한반도 문제가 유엔으로 옮겨짐에 따라 10월 20일 중간세력 중심의 민족자주연맹 결성준비위원회를 조직하고 12월 6일에 발전적으로 해소했다. 이로써 1년 7개월에 걸친 좌우합작운동은 그 막을 내리게 되었다.

좌우합작운동은 미국의 대한 정책의 변화라는 대외적인 배경과 함께 극단적인 이데올로기적 대립을 극복하고자 하는 대내적인 배경이 어우러진 결과였다. 특히 한반도 문제의 국제성으로 인해 미소공위를 통한 통일정부 수립에의 가능성을 타진하고자 했는데, 이는 이승만을 중심으로 전개되던 단정 수립 저지를 위한 것이기도 했다. 비록 미군정 주도로 시작되어 일정한 한계를 가질 수밖에 없고, 미소공위의 실

1947년 12월 15일에 해단식을 가진 좌우합작위원회 구성원들
앞줄 왼쪽 네 번째부터 안재홍, 김붕준, 김규식, 한 사람 건너
원세훈. 몇 개월 전에 암살된 여운형은 기념사진에 등장하지
않으며 추후 얼굴 사진을 오른쪽 끝에 추가했다. 좌우합작위
원회가 중심이 되어 추진된 좌우합작운동은 미소공위의 실패
로 인해 별다른 효과를 거두지는 못했지만 좌우 대립을 해소
하고 통일민족국가를 수립하려는 최초의 '분단시대의 민족운
동'으로서 의의가 있다.

패와 더불어 정치적인 의미를 상실한 채 역사의 뒤안길로 사라졌지만, 좌우합작운동은 한국 현대정치사에서 좌우 대립을 해소하고 통일민족국가를 수립하려는 움직임으로써 민족의 분단을 막고 민족자주통일정부를 수립하려는 최초의 '분단시대의 민족운동'이었다. 통일운동사적인 측면에서도 당시 국내정치 세력의 양극화에도 불구하고 제3세력, 즉 중간세력이 결집되어 첨예화된 이데올로기 대립을 완화시켰으며, 그 맥은 오늘날 남북통일을 주체적으로 논의하는 토대가 되었다.

남조선과도입법의원

창설 배경 및 구성

일종의 과도기였던 미군정 기간 동안 정식 입법기구는 존재하지 않았다. 그러나 미군정은 군정 초기부터 그들의 정통성을 뒷받침해 줄 한국인의 대의기구를 설치하는 데 계속 관심을 가지고 있었으며, 명분상 "조선의 조선인화" 정책을 표방하여 대의기구 설치를 정당화했다. 우선 미군정은 1945년 10월, 군정장관 고문으로 한민당의 지도자였던 김성수를 비롯한 한국인 11명을 임명하고, 도지사 임명 등 각종 현안에 관해 그들의 조언을 구했다. 그러나 그 중 한 명인 조만식은 북한에 있었고, 또 한 명인 여운형은 나머지 인사들이 한민당계이거나 보수적인 인사들이라는 이유로 고문직을 거부함으로써 이 제도는 출발부터 문제를 안고 있었다. 결국 고문제는 미국인과 한국인의 양 국장제가 채택된 후 그 존재의의를 상실해 폐지되었다.

이어서 1946년 2월에는 남조선대한국민대표민주의원(이하 민주의원)이 개원했다. 민주의원의 유래는 반탁운동을 위해 임정이 주도해 조직한 비상국민회의의 최고정무위원회였으며, 하지의 요청으로 명칭을 바꿔 군정자문기관의 역할을 맡은 것이었다. 민주의원은 의장인 이승만을 포함하여 총 28명의 의원으로 구성되었다. 민주의원은 매주 3회 회의를 갖는 등 자문기관으로서의 역할을 수행했으나 별다른 정치적인 의미를 갖지 못하다가 1946년 12월 남조선과도입법의원(이하 입법의원)이 개원하면서 활동을 중단했다.

입법의원은 1차 미소공위가 결렬된 후 미군정에 의해 좌우합작과 함께 중도파 육성을 위해 설치되었던 대의기구 및 일종의 입법기구였다. 입법의원은 모스크바3상회의 결정에 따른 통일 임시정부가 수립될 때까지 정치적·경제적·사회적인 개혁의 기초로 사용될 법령 초안을 작성해 군정장관에게 제출하기 위해 설치된 기구였다. 좌우합작운동이 진전되어 가는 가운데 7월 9일, 하지는 입법기관 설치안을 발표했다.

이 안은 러치가 하지에게 6월 29일에 보낸 서한에서 처음 윤곽이 드러난 것으로, "재조선 미군정을 할 수 있는 대로 민주적으로 시행해 가자"는 취지에서 출발해 "조선 민중을 대표하여 발언하는" 기구 설립을 목적으로 했다. 이에 대해 하지는 "모스크바3상회의 결정에 따라 임시정부가 수립될 때까지 남조선에 대한 최고의 권력과 책임이 나의 합법적인 의무인 한 나는 이 제안이 조선인의 복리를 위한 것이

남조선과도입법의원 1946년 12월 12일 개원식에 참석한 입법의원과 미군정 관리들이 기념촬영을 하고
있다. 개원식에서 연설하는 미군정 관리와 여성 입법의원들. 과도입법의원은 대한민국정부가 수립되면
서 1948년 5월 20일 해산했다.

며, 또 입법기관을 설치할 1단계라고 생각한다"는 지지 발언을 했다. 하지와 러치는 입법의원 창설에 대한 세간의 비판, 즉 단정 기도, 중추원의 재판, 군정 연장 기도 등에 대해 이는 행정권 이양의 한 단계이며, 국민이 정부 운영에 참여하는 민주주의적 발전의 한 표현으로 단독정부 수립이나 다른 목적이 없다고 주장했다.

민선의원 선거에 앞서 미군정은 신한공사를 해체하고 중앙토지행정처를 설치(1948. 3. 22)해, 그 소유 토지를 소작인에게 분배함으로써 선거 정지 작업을 서둘렀다. 물론 그것은 토지개혁 없이는 좌익세력의 공산주의 보루 건설을 저지할 수 없다는 미 국무부의 판단에 따른 것이었다.

총 90명으로 구성되는 입법의원은 절반은 관선, 절반은 민선으로 선출했다. 미군정은 관선의원을 김규식, 여운형 등 좌우합작파 인사들로 임명하는 등 중도파 힘 실어주기에 나섰다. 그러나 1946년 10월 21일부터 31일에 걸쳐 동·촌·리·면·군·도 순으로 진행된 다단계식 간접 선거 결과, 한민당 인사나 지방유지 등 재력가인 우익인사들의 압도적인 우세로 드러나 미군정을 당황케 했다. 이는 일정 납세액을 기준으로 하는 차별선거 도입이 가져온 부작용이었다.

선거 부정과 친일파 등장 등 선거 과정에서의 잡음은 끊이지 않았으나, 김규식이 의장으로 당선되어 1946년 12월 12일 오전 12시 개원식이 거행되었다. 이로써 한국 최초의 대의정치기관이 성립되어 한국은 한국인에 의해 운영되는 최초의 근대적 민주주의 정치기구를 갖게 되었다. 그러나 이 입법의원에서 제정한 법령은 군정장관의 동의에 의해서만 그 효력이 발생되기 때문에 정상적인 의회와는 거리가 있었다.

1946년 3월 20일	1946년 5월 8일	1946년 5월 25일
1차 미소공동위원회 개최	1차 미소공동위원회 결렬	좌우합작운동 시작

1946년 6월 30일	1946년 10월 4일	1946년 12월 12일
좌우합작위원회 결성	좌우합작위원회 좌우합작 7원칙 결정	남조선과도입법의원 개원

1947년 5월 21일	1947년 7월 10일	1947년 12월 6일
2차 미소공동위원회 개최	2차 미소공동위원회 결렬	좌우합작위원회 발전적 해소

미군정 측 인사와 이야기 중인 김규식 김규식은 선교사 언더우드 목사의 비서를 지내고 미국 유학을 다녀온 유학파로, 미군정 측은 언어 장벽이 없던 김규식에게 호의적이었다. 몸이 허약해서 미국인들은 그를 '김규 식클리sickly'라고 부르기도 했다.

12월 21일, 김규식 의장은 기자회견에서 최단 기간 내에 좌우와 남북이 연결된 총선거에 의한 입법 기구로서 임시정부를 수립하도록 노력할 것이며, 미소공위가 계속 지연된다면 남북을 통한 확대 입법 기구만으로 모스크바3상회의 결정에 충실한 임시정부 수립이 가능할 것이라고 시사했다. 입법의원은 의장과 부의장 2인을 두고, 법무사법·내무경찰·재정경제·산업노동·외무국방·문교후생·운수체신·청원징계위원회 등 8개 상임위원회와 자격심사, 임시헌법 및 선거법 기초, 행정조직법 기초, 식량물가대책, 적산대책, 부일협력·민족반역자·전범·간상배에 관한 특별법률조례 기초위원회 등 6개 특별위원회를 두어 입법기구와 유사한 조직을 구성하고, 각종 법률안의 제정·심의 등을 했다.

신탁통치 반대안 가결

1946년 3월 20일에 개최된 1차 미소공위가 협의 대상 선정 문제로 같은 해 5월 9일에 결렬된 후, 하지는 계속해서 치스차코프에게 회담 재개를 요청하는 공한을 수차례 발송했다. 소련을 설득하기 위한 하지의 12월 24일자 비밀서한, 즉 "공위성명서 5호에 서명한 것은 모스크바 결정을 전적으로 지지"한 것으로 본다는 내용이 공개되자 전국은 다시 반탁의 열기에 휩싸이게 된다. 입법의원에서는 위 서한이 전 민족의 '신탁통치 절대 반대' 의사를 왜곡하는 것이라는 논리를 내세워 한민당 출신 민선의원이 중심이 된 41명의 입법의원의 이름으로 반탁결의안을 제출했다.

김규식 의장은 국제 조약에 기초한 모스크바 결의안을 입법의원이

대한노총의 좌익 규탄 집회 1946년 3월 10일 결성된 대한노총은 우익 주도의 반탁운동에 앞장섰다.

미소공위 회의장에서 열린 신탁통치 반대 시위 이날 시위행렬이 관덕정 광장을 벗어날 무렵 기마경찰의 말굽에 아이가 채이는 사고가 발생했다. 기마경찰이 모른 채 지나가자 주변의 주민들이 항의하며 쫓아갔고 뒤이어 경찰이 발포하기 시작했다.

법령으로써 철폐를 할 수 없는 것이므로 결의안 제출은 부당하며, 남북통일을 하려는 우리 민족의 입장은 물론 국제 정세로도 불리하다고 주장했다. 미군정 측에서도 하지 중장, 러치 군정장관, 헬믹 군정장관, 브라운 소장 등이 출석하여 미군정의 입장을 설명했으나, 하지 중장이 소련군 사령관에게 보낸 회답 서한 내용을 변경하는 계기는 되지 못했다. 결국 1947년 1월 20일에 재석의원 57명 중 44명이 찬성하고 반대 1, 기권 12명으로 반탁결의안이 통과, 선포되었다.

21일 민주의원은 남조선 2,000만 민중의 신탁통치에 대한 반대 의사를 반영한 것이라고 논평했다. 그러나 일부에서는 반탁안 결의는 법령 제정을 사명으로 하는 입법의원이 그 본래의 사명으로부터 이탈한 것이라는 비판을 제기했다. 하지 중장은 1월 24일, 곡해와 오견으로 인해 미국의 태도를 부정확하게 표시한 것은 불행한 일이라는 성명을 발표해 불만을 표시했다.

중요 의안의 심의

입법의원에서는 하곡수집법(1947. 4. 4), 미성년자 노동보호법(4. 8), 사찰령 폐지에 관한 법령(8. 8), 공창제도 폐지령(8. 8) 등 사회경제 법령을 제정, 통과시켰다. 그중에서도 특히 2월 21일 제35차 본회의에서는 부일 협력자, 민족 반역자, 간상배에 대한 특별법령조례안이 토의되었고, 7월 2일에 의원을 통과했으나 군정장관이 서명하지 않아 효력이 발생하지 못했다.

이 특별법은 민족반역자의 경우 "일본 또는 기타 외국과 통모하거나 영합·협조하여 국가와 민족에 화해禍害를 끼치거나 독립운동을 방해한 자로서, 한일보호조약, 한일합병조약 기타 한국의 주권을 침해하는 각 조약 또는 문서에 조인하거나 모의한 자, 일본 정부로부터 작을 수 한 자, 독립운동에서 변절하고 부일 협력한 자, 일정 시대에 독립 운동자 및 그 가족을 학대, 살상, 처형한 자 또는 이를 지휘한 자"로 규정하여, 죄질에 따라 사형, 무기, 10년 이하의 징역에 처하고 그 재산의 전부 또는 일부를 몰수하거나 15년 이하의 공민권 박탈형에 처하기로 하는 등 민족 정기를 세우기 위한 구체적인 내용을 담은 법률이었다.

그러나 조례안 토의 중 전남 목포 출신 이남규 의원이 "이완용을 매국노라 할지 알 수 없으나 그는 부득이한 국제정세 밑에서 한일합병조약에 서명했다"라는 이완용 옹호 발언을 제기하는 등 대부분 한민당계나 지방 유지로 구성된 민선의원은 현상 유지와 친일 세력의 '기술'을 이용하려는 경향을 보였고, 이것은 입법의원의 한계로 작용했다.

1946년 12월 12일에 개원하고 1948년 5월 19일 과도정부 법률 제12호로 해산되기까지 입법의원이 공포한 법률은 11건, 심의한 법률은 50여 건이었던 데 반해 입법의원을 거치지 않고 군정 법령으로 공포된 것은 80건에 달했으며, 의원의 반을 미군정장관이 임명하고, 각종 권한도 군정청에 종속되어 있었다는 점에서 입법의원은 명실상부한 입법기구는 아니었다.

—안김정애

해방 후 북한 전역에서 자생적으로 조직된 자치기관인 각급 인민위원회는 최초의 권력
기관이었다. 각급 인민위원회는 좌우 연합의 성격을 띠었으나 모스크바3상회의 결정으
로 인한 좌우 분열과 조만식 그룹의 축출로 인해 좌파가 독점적 주도권을 쥐게 되었다.
1946년 2월 김일성이 이끈 북조선임시인민위원회는 북한 최초의 중앙권력기관이자 장
차 북한 정부의 기반이 되었다. 이 기관은 토지개혁을 비롯한 각종 '민주개혁'을 실시함
으로써 북한 내 새 질서를 구축했다. 미·소합의에 의한 단일한 임시정부의 수립이 어려
워지면서 공산측은 도시군인민위원회 선거를 통해 임시인위를 북조선인민위원회로 합
법성을 부여했고, 정부 수립의 기반을 확고하게 닦아나갔다.
남한 단독선거가 결정되자 북측은 이에 맞서는 남쪽 정치세력과 함께 남북제정당사회단
체연석회의를 개최하는 한편, '통일정부' 수립 준비를 서둘렀다. 남한 5·10선거 이전에
인민군이 창설되고 헌법이 마련되는 등 정부 수립을 위한 토대는 이미 갖추어져 있었다.
남한 내 '지하선거'와 8·25 최고인민회의 선거를 통해 수립된 북한 정부는 '통일정부'의
위상을 보여주고자 했으나 그 역시 분단정부의 모습을 벗어나지 못했다.

북한 정치사회의 변화와
국가권력의 형성

북조선임시인민위원회와
'민주개혁'

해방 후 북한 내 좌우세력들은 자치기관인 도·시·군 단위의 인민위원회에서 공존했다. 이들은 같은 기관에서 협력을 모색하면서도 경쟁을 벌였고 때로는 정책 사안에 따른 갈등 양상을 드러내기도 했다. 공산주의자들은 김일성金日成(1912~1994) 귀국 후 조선공산당 북조선분국 결성을 통해 단결했으며, 조만식曺晩植(1883~1950)이 이끄는 민족주의세력 역시 조선민주당을 창당하여 우파세력의 결속을 도모했다.

소련군 지도부는 북한 진주 후 각급 인민위원회를 자치기관으로 인정하는 조치를 취했고, 스스로는 직접적인 통치의 주체로 나서지 않은 채 배후에서 감독기관으로 남아 있었다. 중앙권력기관 수립에 대한 공산 측의 계획은 '아래에서 위로'의 조직 원칙에 따라 이미 1945년 10월경부터 모색되었지만 조만식과의 의견 불일치 등을 이유로 실행되지 못했다. 그 대신에 11월 중순 북조선행정10국이 결성되어 중앙행정기관의 역할을 수행했다. 행정10국 국장단은 공산주의자들과 민족주의자들이 책임자로 고루 분포함으로써 민·공 연립 기관의 위상을 갖추었다.

일본군의 항복문서에 서명하는 소련군 소련은 1945년 8월
9일 일본에 선전포고를 하고 일본과의 전쟁에 참전했다.
이후 미국과 함께 한반도를 양분해 영향력을 행사했다.

김일성과 조만식 1945년 9월 말메크레르 소
련군 중좌를 사이에 두고 조만식과 김일성이
첫 만남을 가졌다.

《정로》 창간호 조선공산당 북조선분국 분리
설치를 보도한 《정로》 창간호(1945. 11. 1)

모스크바3상회의 결정(이하 모스크바 결정)은 한반도 내 좌우의 분열을 일으켰고, 북한 지역의 정계 개편을 촉진했다. 남한 우익세력들과 공동 보조를 맞추고자 했던 조만식 그룹은 공산 측의 집요한 설득에도 불구하고 모스크바 결정에 반대했으며, 이는 곧 그들의 정치적 몰락을 이끌었다. 조만식과 그의 추종자들이 정계에서 축출된 후 북한 정국은 좌파세력과 그에 협조적인 비공산계 민족주의자들이 주도하게 되었다. 공산 측은 친일파와 마찬가지로 반탁세력을 척결되어야 할 '반민주주의자'로 단죄했다.

공산 측이 중앙권력기관을 수립하고자 했던 이유는 모스크바 결정으로 인해 요동치는 한반도 정세에 대처해 권력의 안정화를 통해 주도권을 확립하려는 데 있었다. 물론 그것은 공산 측이 추구한, 밑으로부터 권력기관을 수립해 올라가는 방식을 실천에 옮기는 수순으로 볼 수도 있었다. 그러나 향후 한국(조선)임시정부 수립에 대비하여 좌파세력의 정치적 우위를 확실히 굳힐 필요가 있었다. 따라서 공산 측의 정치 체제 개편은 북한 내 좌파의 주도권을 확실히 다지고, 이를 통해 남한의 우파들과의 경쟁에서 우위를 점해 전 한반도 차원의 헤게모니를 장악하려는 목적에서 추진되었다.

1946년 2월 7~8일 북조선 민주주의정당, 사회단체, 행정국, 인민위원회 대표들의 협의회에서 북한 최초의 중앙권력기관인 북조선임시인민위원회(이하 임시인위)가 출범했다. 임시인위 위원장으로 취임한 김일성은 북한 정치의 전면에 등장해 향후 정국 운영을 주도적으로 이끌게 됨으로써 명실상부한 최고지도자로서의 입지를 구축하기 시작했다. 임시인위 부위원장에는 연안파 출신의 북조선신민당 주석

김두봉金枓奉(1890~1961)이, 서기장에는 조선민주당 부위원장 강양욱 康良煜(1904~1983)이 선임되었다. 임시인위는 산업국, 농림국, 사법국, 보안국, 교통국, 상업국, 체신국, 재정국, 교육국, 보건국 등 기존의 10국 이외에도 기획부, 선전부, 총무부로 구성되었다. 각 국은 행정10 국과 달리 소련군 사령부의 지휘에서 벗어나 임시인위의 기관으로 재 편되었다. 다만 소련군민정부民政部는 이들 기관에 대한 지도와 지원 역할을 지속적으로 수행했다.

임시인위의 국장단은 북조선공산당 2명, 조선민주당 2명, 무소속 6 명으로 구성되었는데, 이는 권력기관 구성에서 당적보다는 전문성을 우선적으로 고려했음을 보여준다. 다만 이들 조선민주당과 무소속 출 신 국장들은 대체로 반일민족주의 세력과의 '통일전선'을 지향한 공 산당의 정책적 방향에 공감하는 인사들로 이루어졌다. 흥미로운 것은 이들 중에 일제하 친일 경력 소유자도 포함되었다는 점이다. 공산당 지도부는 친일파 처리 문제에 있어서 무조건적인 숙청과 배격보다는 지나간 과오를 뉘우치는 것을 조건으로 친일파도 필요 인력으로 활용 하는 조치를 취했다. 이는 조선인 민족 엘리트('민족간부')의 절대적 부 족과도 관련이 있었다.

임시인위는 '친일분자 및 반민주적 반동분자'를 철저히 숙청하고, 토지 개혁의 준비 기초를 세우는 것을 가장 중요한 당면과업으로 내 세웠다. '친일, 반민주세력'의 청산은 건국과정의 기본 전제로서 지속 적으로 제기된 반면, 토지개혁은 임시인위 결성의 실질적인 성과를 위해서도 절실한 요구로 제시되었다. 그밖에 임시인위는 모스크바 결 정의 '정당성'을 널리 알리는 사업을 벌였는데, 이는 모스크바 결정에 따른 한국(조선)임시정부 수립을 위해 적극 대처하겠다는 입장을 표현한 것이다.

임시인위의 창설은 북한 사회를 통일적으로 이끌 중앙권력 기관으로서 사실상 북한 정부의 출발점이었다. 이 기관은 북한을 정치, 경제적으로 강화시키고 이를 한반도 전체로 확대해 나가려는 '민주근거지론'의 구체화된 형태로 등장했다. 공산 측은 임시인위가 미소 합의에 의해 수립될 한국(조선)임시정부의 토대가 될 것을 갈망했다. 그러나 그와 같은 기대와 달리 임시인위의 결성 후 남북 좌우세력의 대립과 갈등은 더욱 증폭되었다.

토지개혁과 제반 민주개혁 이행

해방 당시 인구의 80퍼센트가 농민이었고, 그 중 다시 80퍼센트가 소작농과 빈농이었던 북한에서 토지개혁은 건국만큼이나 중요한 관심사였다. 다만 이 문제는 국가적·민족적 차원의 과제였던 까닭에 남과 북의 어느 한 쪽이 일방적으로 해결할 수 있었던 사안이 아니었다. 따라서 북한에서는 각급 인민위원회의 지도 하에 토지 소작료율을 60~70퍼센트에서 30퍼센트로 줄이는 이른바 '3·7제'를 임시적으로 실행하고 있었다.

그러나 모스크바 결정에 반대한 조선민주당 우파 수뇌부가 퇴장하고, 이후 임시인위가 결성되면서 토지개혁 실시 문제가 전면적으로 대두되었다. 1945년 말부터 공산 측은 토지개혁 실시에 대한 방안을 강구하고 그에 대한 논의를 지속했다. 토지개혁안은 비교적 온건한 내용이 주류를 이룬 초기 구상과는 달리 점차 급진적인 내용을 담기 시작했다.

1946년 3월 5일 임시인위는 〈북조선토지개혁에 대한 법령〉을 공포했다. 이 법령은 일본인 토지 소유와 5정보 이상 조선인 지주들의 토지소유 및 소작제를 철폐하고 몰수된 토지를 농민의 소유로 넘기는 것을 주요 내용으로 했다. 그리고 이 법령은 토지의 개인 소유를 허용했으나 농촌에서 자본주의적 경리를 억제할 목적으로 토지의 매매, 저당, 소작은 금하도록 했다. 이와 같은 토지개혁 법령안은 북한 내부에서 적지 않은 논쟁을 불러 일으켰다. 일부 농민 대표들은 다수의 찬성 분위기에도 불구하고 그 가혹성을 지적했고, 임시인위 회의에서도 일부 비공산계 위원들이 이의를 제기하기도 했다.

토지개혁의 방향 중 가장 큰 전환으로 꼽을 수 있는 것은 애초에 제기된 '토지 국유화' 주장이 어떻게 해서 급격하게 '농민의 소유'로 바뀌었는가였다. 임시인위 구성에 관한 '규정'에 "조선인 대지주의 토지와 삼림을 국유화"하는 방침이 세워진 것처럼 토지개혁 추진론자에게 토지 국유화는 대세를 이루는 요구였다. 그런데 이것이 갑작스럽게 농민적 소유로 전환된 것은 북한과 소련지도부가 농민들로부터 보다 많은 지지를 확보하기 위해 그들의 토지 소유 욕구를 감안했고, 다른 한편으로 농민의 토지 소유를 규정한 동구권 국가들의 토지개혁 경험이 영향을 미쳤기 때문으로 볼 수 있다.

토지개혁은 3월 7일부터 4월 1일까지 불과 한 달도 채 안 되는 기간 동안 북한 전역에서 실시되었다. 빈농과 농업노동자 중심으로 조직된 농민위원회는 토지개혁을 실무적으로 담당했다. 당시 북한 전체 토지 면적은 182만 98정보였는데, 그중 55.4퍼센트에 해당되는 100만

"토지는 농민의 것" 북한 토지개혁을 홍보하는 포스터. 북한의 토지개혁은 농촌 내의 봉건적 관계 철폐를 통해 인민 다수의 지지를 얻는 성과를 거뒀지만 개혁 대상 확대에 따른 반발을 불러오기도 했다.

8,178정보가 몰수되었다. 몰수된 토지는 고용농민(고농), 토지 없는 농민(소작농), 토지 적은 농민(자소작농), 이주한 지주 등에게 평균 1.35 정보(약 4,000평)씩 분배되었고, 총 112만 호 가운데 약 70퍼센트에 해당하는 72만 호가 토지개혁의 혜택을 받았다.

북한의 토지개혁은 농촌에서의 봉건적 관계를 철폐하고, 인민 다수의 지지를 획득하는 데 성공했다. 하지만 그 부작용도 만만치 않았다. 토지 몰수 대상이 일본인 지주나 친일 지주들에서 5정보 이상의 토지를 소유하는 모든 지주로까지 범위가 확대되자 상당한 반발이 일어났다. 북한 내 7만 호의 지주 가운데 4,000호만이 농민과 동등하게 토지를 분여 받는 것에 동의한 사실을 고려할 때, 이들의 거부감은 예고된 것이었다.

지주와 민주당 출신 일부 인민위원회 위원들은 업무 수행을 거부했고 평양과 함흥 등지의 학생들은 동맹시위를 시도했다. 최용건 암살 미수 사건, 강양욱 자택에 대한 테러 등은 북한 지도부에 대한 우익 반대세력의 눈에 띄는 물리적 저항이었다. 그러나 그들의 저항은 고립·분산적이었고 소련군과 북한 공산당에 대적할 만한 조직력도 갖추지 못했다. 이에 따라 이들의 선택은 지하에 잠복해 기회를 엿보거나 아니면 남한으로 도피해 다시 공산당을 '응징'할 기회를 노리는 수밖에 없었다.

북한의 토지개혁은 해방 후 시행된 최초의 민주개혁이면서 식민지적 구질서로부터 북한 사회의 근본을 뒤바꾸는 혁명적인 사건이었다. 동시에 공산 측은 이를 통해 인구의 압도적 다수를 차지하는 농민의 지지를 이끌어내고, 향후 '민주개혁'을 지속적으로 추진할 계기를 형성했다.

북한 내 개혁은 토지개혁에 그치지 않았다. 북한과 소련 지도부는 한국(조선)민주주의임시정부 수립을 목적으로 개최된 미소공동위원회가 50여 일간에 걸친 미·소 대표단 사이의 열띤 협상에도 불구하고 아무런 결실을 맺지 못하자 노동자와 농민을 중심으로 한 자체의 지지기반을 더욱 확고히 하기 위해 북한 내부 개혁에 박차를 가했다. 토지개혁에 뒤이어 1946년 6월에 발표된 노동법령도 그러한 개혁의 일환이었다. 이 법령은 8시간 노동을 비롯하여 정기 휴가와 산전산후 휴가, 사회보험 실시 등을 규정했다. 7월 말에 제정된 남녀평등권법령은 여성들이 선거권과 피선거권, 자유 결혼과 자유 이혼, 재산권 등의 권리를 남성들과 동등하게 갖는다는 것을 확인했다. 이 법에 의해 일부다처제와 성매매는 금지되었다.

일련의 개혁 조치 가운데 주목을 끄는 것은 8월에 제정된 산업국유화 법령이었다. 이 법령에 따라 임시인위는 소련군이 관리하고 있던 일본 국가 및 개인과 친일파 소유 산업 기관 1,034개소를 넘겨받아 국유화했다. 이 조치는 북한에서 국가 주도의 산업구조 형성의 물적 토대를 닦았으며, 장차 사회주의적 소유관계의 발판을 마련했다.

공산 측의 주된 개혁 방향은 북한의 '민주적 근거지'를 강화하고, 자신들의 사회적·대중적 지지기반을 확충하려는 데 있었다. 이와 같은 흐름은 해방 직후에 제기된 보다 온건한 '부르주아민주주의'(자본민주주의) 노선이 당시 막 등장하던 '인민민주주의' 노선에 자리를 양보하는 것과 궤를 같이했다.

북한 내 개혁의 성과는 이를 주도한 북조선공산당의 위상과 역할을 증진시키는 효과를 낳았다. 특히 김일성의 입지는 모든 개혁의 시행이 자신의 이름과 결합되면서 더 공고화될 수 있었다.

'민주근거지'의 강화와 북조선인민위원회

'민주근거지' 노선의 전개

1946년 5월 미소공동위원회의 결렬 이후 북한지도부는 사회경제부문의 개혁 실시 이외에도 권력 기반을 강화시키기 위한 조치에 박차를 가했다. 모스크바 결정이 한반도 문제 해결에 있어서 가장 올바른 결정이라는 선전은 지속되었고, 이에 따라 이승만, 김구, 조만식 등이 주축이 된 반탁세력들은 건국 과정에서 협력이 아닌 타도의 대상이 되었다. 전한반도 국가건설을 위해서는 '친일파, 민족반역자 및 반민주주의자'의 척결과 함께 북한을 정치·경제적으로 강화하는 '민주근거지'를 견고히 세우는 방향이 추구되었다.

공산 측은 두 가지 방향, 즉 좌익세력의 통일과, 여타 친공산 및 비공산계 정당, 사회단체와의 연대 강화 등으로 정치 체제의 개편을 시도했다. 이 움직임은 북조선노동당과 북조선민주주의민족통일전선의 창설로 구체화되었다. 두 좌파 정당인 북조선공산당과 북조선신민당의 합당을 통한 북조선노동당의 결성은 동유럽에서 보였던 좌파 진영 내부의 분열을 극복하려는 목적 때문이 아니었다. 다만 인민위원회와 사회단체 내에서 두 당의 하부조직 간에 종종 경쟁과 갈등이 일어났고, 이는 대중을 통일전선으로 이끄는 데 일정한 장애 요인이 되었다. 양당 합당의 가장 직접적인 이유는 말할 것도 없이 강력한 단일 좌파 정당의 출현을 통해 한반도에서의 좌파 주도권을 획득하려는 데 있었다.

1946년 7월 말 북조선공산당과 북조선신민당 중앙위원회는 확대연석회의를 열어 합당 선언서를 발표했다. 한 달 동안 하부 단위에서부터 합당 사업이 끝나고 8월 28일부터 30일까지 북조선노동당창립대회가 개최되었다. 그 결과 27만 6,000여 명의 공산당원과 9만여 명의 신민당원을 망라하는 대중적인 좌파정당이 탄생했다. 북로당 위원장으로는 김두봉이 선출되고, 김일성은 부위원장을 맡는 데 그쳤지만 그가 최고지도자임에 이의를 다는 이는 없었다.

북로당의 창설을 통해 북한 체제의 지도적 근간이 세워졌으며, 그 위에서 오늘날 북한 체제의 토대가 만들어졌다. 북조선노동당의 창설은 또한 서울의 조선공산당에 대한 상하관계를 공식적으로 청산하는 계기가 되었다. 북로당은 스스로를 전체 한반도의 근로대중의 대표이자 옹호자로 규정할 만큼 자기의 지위를 끌어올렸다.

비슷한 시기에 북로당지도부는 북한 내 각 정당 및 사회단체를 망라하는 북조선민주주의민족통일전선의 결성을 주도했다. 이 조직의 목적은 국가 건설 문제에서 통일적인 정치노선의 수립과 정당, 사회단체의 행동 조정에 있었다. 북로당은 민주주의민족통일전선의 발의와 결의안 작성 및 실천에서 주도적인 역할을 담당했으나 때때로 점증하는 북로당의 독점적 지위는 천도교청우당을 위시한 권력기관 내의 비공산계 대표들로부터 불만을 일으키기도 했다.

한편 일찍이 국가 건설 과정에서 무력의 중요성을 간파한 북한 지도부는 이를 강화하는 데 많은 노력을 쏟았다. 해방 초 일제가 남기고 간 군수물자에 의존하면서도 북한 무력은 점차 체계적인 모습을 갖추어 나갔다. 1946년 7월 군대 간부의 체계적인 양성을 위해 중앙보안간부학교가 설치되어 보병, 포병, 공병, 통신병 등 각 병종 지휘관과 기술자를 육성하기 시작했다. 8월에는 북한의 첫 정규군 부대로서 보안간부훈련소가 평양을 비롯하여 개천, 신의주, 정주, 나남, 청진 등 북한 전역에 걸쳐 조직되었다. 이 훈련소는 기존의 보안대, 국경경비대, 철도경비대 등을 근간으로 했으며 이후 인민군으로 전환했다.

　북한 지도부는 정치적 기반을 결정적으로 확충시킬 수 있는 방안의 하나로 대다수 인민의 참여를 독려하는 대중운동을 발기했다. 1946년 11월에 제창된 건국사상총동원운동은 일제 사상 잔재를 해소하고, 새로운 나라에 부합하는 인간형을 창출할 목적으로 실행에 옮겨졌다. 인민 대중의 사상개혁운동의 성격을 띤 이 운동은 경제를 일으켜 세우기 위한 증산경쟁운동, 그리고 인구의 35퍼센트가 넘는 문맹자들을 없애기 위한 문맹퇴치운동과 함께 진행되었다. 또한 소작제에서 벗어난 농민들은 '현물세법'에 따라 수확 농작물의 25퍼센트를 납부하는 동시에, 식량 문제를 해결하기 위해 착수된 애국미 헌납운동에도 동원되었다. 이들 운동은 낡은 사상 잔재와 기술문화적 낙후성을 청산하고 국가 건설을 성과 있게 추진시키려는 대중운동의 성격을 지니면서 북한 사회를 내적으로 통합시키는 구실을 했다.

도·시·군 인민위원회 선거와 북조선인민위원회의 결성

임시인위는 사실상의 정부기관으로 기능했지만 '밑으로부터' 공식적인 위임을 받지는 못했다. 이에 따라 1946년 9월 북한 지도부는 권력기관의 임시적 성격을 탈피하고 정치 체제에 '합법적'인 기반을 형성하고자 도·시·군 인민위원회 선거를 결정했으며, 11월 3일 북조선 도·시·군 인민위원회 위원 선거가 북한 전역에서 실시되었다. 이 선거는 민주주의민족통일전선 명의로 사실상 각 선거구별로 단일 후보를 내세운 방식이었으며, 서구식의 자유 출마와 후보 간의 경쟁은 도입되지 않았다. 북한 지도부는 단일 후보제를 취한 사유에 대해 통일전선의 유지와 북한 권력 기반의 강화를 위한 것이라고 강조했다. 다만 54개 선거구에서는 조선민주당과 천도교청우당 등과의 후보 조정이 실패해 후보자 두 명씩이 입후보했다.

투표 방식에 있어서는 병풍 등으로 가려진 곳에 흑백투표함을 각기 설치하여 찬성 투표는 백색 함에, 반대 투표는 흑색 함에 투표지를 넣도록 했다. 이에 대해 공산 측은 높은 문맹률을 고려한 조치라고 강변했으나, 한편으로는 높은 찬성 투표율 달성을 위한 방편이기도 했다.

선거에는 북한 지역 유권자 450만 1,813명(총유권자 대비 99.6퍼센트)이 참여했으며, 민주주의민족통일전선에서 추천한 후보자들에 찬성 투표한 비율은 도 97퍼센트, 시 95.4퍼센트, 군 96.9퍼센트에 달했다. 거의 모든 선거권자의 참여는 북한 당국의 대중적 선전과 대중 조직 방식이 낳은 결과였다. 선거 결과 총 3,459명의 위원들이 선출되었는데, 그 중 도위원은 452명, 시위원 287명, 군위원 2,720명으로 각각 분류되었다. 선출된 의원들의 사회성분을 보면, 노동자와 농민이 각

북조선 도·시·군 인민위원회 선거 당시 거리의 모습과 선거 포스터 1946년 11월 3일, 북한 지도부는 권력기관의 임시적 성격 탈피, 합법적 정치 체제 기반 형성을 위해 북조선 도·시·군 인민위원회 선거를 실시했다. 각 선거구별로 단일 후보를 내세운 방식이었으며 후보 간 경쟁은 도입되지 않았다.

각 510명(14.7퍼센트)과 1,256명(36.4퍼센트)으로 다수를 차지했고, 사무원도 1,056명(30.5퍼센트)에 달했다. 당적별로 보면 북로당이 1,102명(31.8퍼센트)이었고, 조선민주당과 청우당은 각각 351명(10퍼센트)과 253명(8.1퍼센트)이었으며, 무소속은 가장 많은 1,753명(50.1퍼센트)에 달했다. 이 수치는 통상 정당별 비율을 맞춘 것이었다. 여성위원은 13.1퍼센트에 해당되는 453명이 선출되었다.

선거 이후 북한 지도부는 권력에 적법성을 부여하기 위한 과정에 돌입했다. 1947년 2월에 개최된 도·시·군 인민위원회대회를 거쳐 최고주권기관으로서 북조선인민회의가 탄생했다. 도·시·군 인민위원회대회는 이전 임시인위가 발포한 모든 법령들을 법적으로 승인함으로써 일련의 '민주개혁'에서 나타난 위법성 시비의 여지를 제거했다. 이 때 선출된 북조선인민회의 대의원은 도·시·군 인민위원회 대표 5명당 1명꼴로 모두 237명으로 구성되었다. 북조선인민회의 제1차 회의의 가장 핵심적인 사업은 북조선인민위원회(이하 북인위)의 조직이었다.

북인위의 탄생은 이전 임시인위의 임시적 성격을 탈피하고 모든 국가적 사업을 책임지는 명실상부한 합법적인 최고 권력기관의 등장이라고 볼 수 있다. 북인위 위원장은 김일성이 맡았으며, 두 명의 부위원장으로는 북로당의 김책과 조선민주당의 홍기주가 선임되었다. 북인위는 전국적인 임시정부가 수립되기 전까지 자신의 존속 기간을 한정함으로써 스스로 분단을 지향하지 않고 있음을 강조했다.

북인위의 각 부문별 부서로는 기획국, 산업국, 내무국, 외무국, 농림국, 재정국, 교통국, 체신국, 상업국, 보건국, 교육국, 노동국, 사법국, 인민검열국 등 14개의 국과 양정부, 선전부, 간부부, 총무부 등 4

개 부가 설치되었다. 국장단 14명 가운데 10명이 공산 계열 소속일 정도로 북로당의 독점적 지위가 훨씬 강화되었다. 종전 임시인위와 비교할 때 내무국, 외무국, 인민검열국과 양정부, 간부부가 신설되었고, 기획부는 기획국으로 직제를 확대 개편했다. 북인위의 위상 변화를 가져온 대표적인 부서는 새로 신설된 외무국과 보안국에서 개편된 내무국이었다. 외무국의 등장은 북한이 외교적 사업 영역을 모색하고 대외 협력 및 교류를 공식적으로 수행하기 시작하게 되는 것을 의미했다. 내무국은 치안 조직의 관리와 감독뿐 아니라 장차 정규군으로 전환될 수 있는 부대를 관장했다. 다만 공식적으로 정규군 조직을 담당할 민족보위국과 같은 기구는 그 필요성을 느꼈음에도 남쪽과의 관계를 고려해 설치되지 못했다.

북인위는 실질적인 정부의 위상을 지니고 북한의 변화와 개혁에 박차를 가했다. 1947년 북인위는 가장 시급히 해결해야 할 과제로 제기된 경제복구와 발전을 위해 인민경제발전계획을 수립했다. 이 계획은 경제의 식민지적 편파성을 제거하고 민족경제의 자립적 발전의 토대를 쌓는 것을 명분으로 삼았지만 북한의 '민주근거지'를 경제적으로 강화시키려는 목적이 내포되었다.

북한의 정치·경제적 강화는 외견상 독자적인 발전 전략을 통한 분단정부 수립 노선으로 비추어질 수도 있었다. 이 시기에 북한 측이 취한 모든 정책이 사실상 국가적 단위에서 취하는 일종의 혁명적 '개혁몰이'였기 때문이다. 그렇지만 북한 지도부는 이러한 발전 방향을 전 한반도 차원의 국가와 정부 수립을 위한 전제 조건으로 간주했다. 즉 우선적으로 북한을 변화시키고 이를 남쪽으로 확대하는 데 몰두했던

북조선인민위원회 선거 1946년 10월 북조선 도·시·군 인민위원회 선거를 앞두고 유권자 앞에서 연설하는 김일성의 모습과 1946년 11월 3일 김일성과 스탈린의 초상화를 들고 북조선 도·시·군 인민위원회 선거 경축대행진을 하고 있는 평양음악학교 학생들.

것이다. 다만 이 전략이 실패했을 경우 독자적인 정부 수립에 대한 구상도 무르익어갔다.

조선민주주의인민공화국의 탄생

정부 수립을 향한 움직임

한반도 분단을 막을 사실상 유일한 현실적 방안이었던 '한국(조선)민주주의임시정부' 수립 노력이 미·소 간 합의의 실패로 좌절되면서 한반도 분단의 위기는 점차 고조되었다. 1948년 초 유엔한국임시위원단의 방한과 남조선 단독 선거 움직임이 가시화되자 북한 지도부는 이에 맞서 독자적인 정부 수립을 위한 준비에 본격 착수했다. 이미 1947년 11월 북조선인민회의 제3차 회의는 '조선임시헌법'의 제정을 결정한 바 있었고 이듬해 들어서는 헌법안에 대한 '전인민토의'를 진행했다. 4월 28일과 29일에는 헌법안 토의를 위해 북조선인민회의 특별회의를 열었다.

북한은 그동안 남북관계를 고려해 미루어 왔던 군대 창설도 더 이상 미루지 않았다. 1948년 2월 4일 북조선인민위원회는 민족보위국을 설치해 마침내 권력기관 내에 군 지휘부서를 갖추었다. 나흘이 지난 8일 마침내 2개 사단, 1개 여단, 항공대대로 편성된 조선인민군이 창설되었다. 북한은 남측을 자극하지 않기 위해 열병식의 형태로 군

창설을 대체했지만 이를 통해 국가 창설의 기초인 물리력의 근간을 완비했다. 인민군 총사령관은 김일성의 최측근이자 조선민주당 당수인 최용건崔庸健(1900~1976)이 임명되었다.

한편 공산 측은 분단의 책임을 미국과 남한 단정 세력에 돌리면서 남한 단독선거를 저지하는 데 힘을 집중했다. 남측이 내놓은 인구비례에 의한 전국 총선거 주장에 대해서는 사실상 지역비례에 의한 전국 총선거 실시로 맞섰다. 당시 남·북한 인구 비율이 2:1인 점을 볼 때 남북 양측은 각자에게 유리한 방안을 고수하고자 했던 것이다.

4월 19일 남북의 반단정세력은 분단 저지라는 공통의 목표를 가지고 평양에서 남북연석회의를 개최했다. 이 회의에는 16개 정당, 40개 사회단체로부터 모두 695명이 참가했으며, 이중 남쪽에서는 13개 정당, 28개 사회단체로부터 395명이 참여했다(좌파: 218명, 중간파: 81명, 우파: 96명). 어렵게 성사된 김구와 중도파의 거두 김규식金奎植(1881~1950)의 회의 참가는 이 행사가 단순히 일부 정파의 정치적 놀음이 아니라는 점을 보여주었다. 북한과 소련은 이 회의를 통해 분단 저지 방안이 마련될 것을 기대했지만 그것이 불가능할 경우 남한정부에 뒤이어 수립될 북한정부에 '정당성'과 '대표성'을 부여하고자 했다. 분단 저지가 회의 개최의 명분이었지만 이 회의가 그 목적을 달성해줄 것으로 보기는 사실상 어려웠다. 따라서 공산 측은 남한 정계의 거물들을 북한 정부에 참여시켜 자기 권력의 정당성을 강화시키고자 했다.

남북연석회의는 북한에게 일정 부분 성공을 가져다준 사건이었다. 4월 30일 남북연석회의는 〈남북조선 제 정당·사회단체 공동성명서〉를 통해 첫째, 외국군대를 즉시 동시에 철거할 것, 둘째, 내전 불허용,

셋째, 전조선 정치회의를 소집해 민주주의임시정부 수립 및 이를 통한 조선 입법기관을 선거하고 헌법을 제정, 통일적 민주정부 수립, 넷째, 남조선 단독선거 반대 등 4개항을 합의했다. 분단이 사실상 결정된 상황에서 남북연석회의는 분단을 막는 데 실질적인 영향력을 발휘할 수 없었지만 남북의 반단정세력을 규합하는 데 중요한 구실을 했으며, 북한 측은 이를 적절하게 활용했다.

북한정부의 수립

남한에서 5·10선거가 실시되자 북한 역시 정부 수립 준비에 더욱 박차를 가했다. 북한 지도부가 남한보다 앞서 정부 수립을 추진하지 않은 것은 북조선(임시)인민위원회 결성과 도·시·군 인민위원회 선거 등 그간 남한보다 한발 늦게 진행했던 정치 과정의 연장선이었다. 공산측 자신은 분단을 추구하지 않는 모습을 보여주고 그 책임에서 벗어나고자 하는 목적도 있었다.

정부 창설에서 공산 지도부의 의도는 가능한 한 남한 단정 추진 세력을 뺀 남과 북의 다양한 정치세력을 참여시키는 데 있었다. 즉 정부 수립에서 주안점을 두었던 것은 단독정부가 아닌 '통일정부'의 위상을 갖추는 것이었다. 그들은 1948년 6월 29일~7월 5일 북한 지역인 해주에서 제2차 남북지도자회의를 개최해 〈최고인민회의 선거절차에 관한 합의서〉를 채택하는 등 북한에서의 정부 창설을 위한 절차를 확정했다. 그러나 원군이 되어 줄 것으로 기대되었던 김구와 김규식은 이 회의에 참가하지 않았고 오히려 이들은 성명을 통해 북한의 단독정권 수립을 비난하면서 4월 30일자 공동성명서를 준수할 것을 요

조선민주주의인민공화국 수립을 위해 모인 사람들 남한에서 5·10선거가 실시되자
북한도 북조선 도·시·군 인민위원회 선거를 실시하는 등 정부 수립 준비에 박차를
가했다. 8월 25일에는 최고인민회의 대의원 선거를 실시해서 212명의 대의원을 선
출했다. 사진은 김일성, 박헌영, 김책, 홍명희 등 조선민주주의인민공화국을 수립
하기 위해 모인 사람들. 맨 앞줄 왼쪽 세 번째부터 김책, 김일성, 박헌영, 홍명희, 최
용건, 박일우, 이승엽, 김원봉.

구했다. 물론 이 공동성명의 실시는 시간적으로 불가능했다.

8월 25일 북한에서는 최고인민회의 대의원 선거가 실시되어 모두 212명의 대의원을 선출했다. 그 전에 남한에서는 남로당의 주도로 지하 선거를 실시했고, 여기서 뽑힌 대표자 1,080명이 월북했다. 이들은 8월 21~26일 해주에서 남조선인민대표자회의를 열고 360명의 대의원을 뽑았다. 남한의 지하선거에 대해서는 그 대표성에 대한 의구심과 여러 논란이 있지만, 공산지도부는 남북한을 '대표'하는 총 572명의 대의원으로 최고주권기관인 최고인민회의를 구성하여 남과 북의 대표자들을 하나로 결합하는 절차를 완료했다.

9월 8일 최고인민회의 제1차 회의는 여러 차례 수정을 거친 헌법안을 채택했다. 북한 헌법은 개인소유 규모를 확대하고 신앙의 자유를 명문화하는 등 많은 점에서 비사회주의적 색채를 드러내 보였다. 이러한 조처는 인구의 상당수에 이르는 비공산 계층과 남쪽을 의식한 결과였다.

이튿날인 9일에는 김일성을 수반으로 한 내각이 출범함으로써 조선민주주의인민공화국 정부가 공식적으로 수립되었다. 북한 정부 구성은 북로당과 남로당을 주축으로 남북의 비공산계 정당을 참여시킨 형태였다. 부수상은 남로당 당수인 박헌영朴憲永(1900~1955)과 민주독립당의 홍명희洪命憙(1880~1968), 북로당의 김책金策(1903~1951)이 선출되었다. 내각의 상相급 20명을 출신별로 보면 북로당이 8명, 남로당이 5명을 차지해 공산 측이 13명으로 다수를 점했다. 나머지 7명은 비공산계 출신이었으며, 이 가운데 남쪽 출신이 5명이었다. 북로당이 거의 독점적 지위를 차지했던 북인위와는 다르게 비공산계 출신들의

1945년 9월 19일 김일성유격부대, 원산항 통해 입국	**1946년 2월 8일** 북조선임시인민위원회 출범	**1946년 3월 5일** 북조선토지개혁에 대한 법령 공포
1946년 11월 3일 북조선 도·시·군 인민위원회 선거 실시	**1947년 2월 17일** 북조선인민회의 조직	**1947년 2월 21일** 북조선인민위원회 수립
1948년 8월 25일 최고인민회의 대의원선거 실시	**1948년 9월 9일** 조선민주주의인민공화국 수립	

최고인민회의 제1차 회의 최고인민회의 제1차 회의에서 김일성은 초대 수상으로 추대되었다.
앞줄 왼쪽부터 김책, 박헌영, 김일성. 1948년 9월 8일.

약진이 두드러졌다. 이와 같은 배치는 당시 이론적으로 규정된 '인민민주주의혁명' 단계를 수용하는 것임과 동시에 북한 정부에 '통일적 중앙정부'로서의 위상을 부여하고자 함이었다. 북한의 내각 구성이 남과 북 출신의 세력 균형을 반영한 것처럼 보였지만 김일성이 이끈 북로당의 주도권 행사는 시간 문제였다.

북한 자신이 '중앙정부'로서의 위상을 내세운 것은 이승만 정부를 인정하지 않겠다는 의미뿐 아니라 향후 통일 문제에서 주도권을 행사하겠다는 뜻이 내포되어 있었다. 남한이 그랬던 것처럼 북한 역시 이승만 정부를 타협이나 협상의 대상이 아닌 타도와 극복의 대상으로 바라보았다. 결과적으로 정세는 목표를 실현시킬 수단으로서 무력 이외에는 기대를 걸기 어려운 방향으로 가고 있었다.

―기광서

미군정의 식량 정책은 건국준비위원회의 활동을 무력화시키고 미국식 경제운영 시스템을 이식하는 데 맞추어졌다. 미곡의 자유시장 판매 조치로 건국준비위원회의 식량관리권은 무력화되었지만, 미군정은 미가 폭등, 식량수급 난조라는 심각한 문제에 직면했다. 이에 미군정은 식량 공출을 다시 시작했다. 미군정의 친일파 등용 및 좌익 탄압, 식량 정책 실패, 강제 공출에 대한 불만은 결국 1946년 9월총파업과 10월인민항쟁으로 폭발했다. 항쟁은 점차 미군정의 지배를 부정하고 인민위원회를 중심으로 새로운 행정과 치안을 수립하려는 투쟁으로 발전했다. 미군정은 이러한 움직임을 탄압하는 한편, 우익세력을 내세워 노동·농민운동을 체제내화하고자 했다.

미군정은 일본인 재산에 대해서는 일단 미군정에 귀속시킨 후 사유화하는 절차를 밟았다. 미군정은 귀속재산에 관리인을 파견하는 한편, 소규모 기업체에 대한 불하작업에 착수했다. 미군정은 또한 유상몰수·유상분배의 방식으로 귀속농지(과거 일본인 소유 농지) 불하사업에도 착수했다. 일본인 재산에 대한 국유화 조치와 무상몰수·무상분배의 토지개혁을 단행한 북한 지역과 귀속기업체의 사유화, 유상몰수·유상분배의 귀속농지 불하 조치가 취해진 남한은 점차 체제적으로 이질화되기 시작했다.

미군정기의
경제와 사회

미군정의 사회·경제 정책

식량 정책

미군정은 1945년 10월 5일 '미곡의 자유시장에 관한 일반고시' 제1호를 발표해 배급제를 폐지하고 각 농가가 미곡을 자유로이 판매할 수 있도록 했다. 뒤이어 10월 20일에는 일제시기의 각종 통제기구를 폐지하고 자유경제 원칙을 부활시켰고, 25일에는 통제를 해제하고 물품의 자유판매를 허가했다.

이는 미국인들이 일본이 실시한 통제경제가 시장의 원리에 위배된다고 보았기 때문이었다. 하지만 곧 식량과 생필품 통제가 다시 실시된 점으로 미루어 볼 때 시장의 원리를 준수한다는 것이 미곡 자유화의 직접적인 원인은 아니었다.

미군정이 미곡 자유화 정책을 실시한 이유는, 미군정 초기에는 지방까지 행정력이 미치지 못했기 때문에 미흡한 통제보다는 시장에 맡기는 것이 극심한 식량과 물품난을 덜 수 있는 효율적인 방법이라고 판단했기 때문이었다. 하지만 그보다 더 근본적인 이유는 미군정이 실시되기 이전 식량 정책을 담당하고 있던 건국준비위원회의 식량관리를 무력화시키기 위함이었다.

건국준비위원회는 해방 직후의 혼란한 상황에서 식량 문제의 해결이 치안 및 질서의 유지에 매우 긴요하다고 보았다. 때문에 산하에 양정부糧政部와 식량대책위원회를 두어 식량의 수집과 운송·분배, 모리배 감시에 주력했다. 이러한 활동은 상당한 성과를 거두었다. 미군정이 자유화 조치를 취하기 이전에는 식량이 시장에 유출되거나 모리배가 사재기를 하는 현상이 없었다.

미군정은 모리배의 준동, 미가 폭등 등 자유화 조치가 가져올 사회적 혼란을 감수하면서도 건국준비위원회의 식량관리 계획을 부정했다. 건국준비위원회에 식량 운영권을 넘길 수 없다는 판단 때문이었다.

농민들은 일제시기의 통제경제에 대한 반감과 자신이 생산한 곡식을 마음대로 시장에 내다 팔 수 있다는 이점 때문에 점차 건국준비위원회의 식량 관리에서 벗어나기 시작했다. 토지개혁 요구로 단결해 있던 농민들은 자유화 조치를 계기로 잉여 식량을 내다 팔 여유가 있었던 중농 이상 층과 소·빈농층으로 분화하기 시작했다.

하지만 이러한 상황을 오래 방치할 수는 없었다. 미곡 자유화 조치는 미가의 폭등으로 이어졌고, 식량을 구하는 데 어려움을 겪는 도시민에 대한 식량 배급이 절실했다. 미군정은 1946년 1월 25일 '미곡수집령'을 공포하고 식량 공출을 단행했다.

수집 목표량은 총수확 예상고의 30퍼센트였다. 그러나 1945년도산 미곡의 공출 실적은 목표량의 12.4퍼센트에 불과한 저조한 수준이었다. 공출에 대한 거부감과 시장 가격에 훨씬 못 미치는 공출대금, 보상물자의 결핍이 그 요인이었다. 미군정은 중앙식량행정처, 조선생활

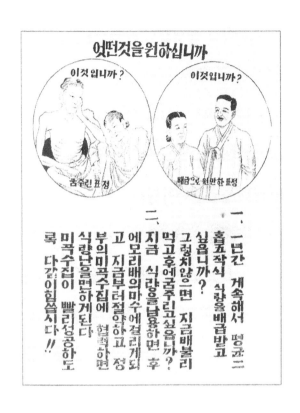

식량 수집 포스터 1946년 1월 미곡수집령과 함께 배포된 식량 수집 포스터. 총수확 예상고의 30퍼센트를 수집하는 것이 목표였으나 1945년 미곡의 공출 실적은 목표량의 12.4퍼센트에 머물렀다. 공출에 대한 거부감, 낮은 공출대금, 보상물자의 결핍 때문이었다.

품영단, 신한공사, 조선농회, 금융조합연합회와 각 시도의 행정기관을 총동원해 식량 공출에 전력을 다했다. 1945년도산 미곡의 공출 실적이 저조했던 것과는 달리 1946년도산 미곡은 목표량의 82.9퍼센트, 1947년도에는 97.1퍼센트가 수집되었다.

식량 공출이 경제를 안정시키고 물가 폭등을 막을 수 있는 가장 중요한 수단이라고 인식했던 미군정은 행정력뿐 아니라 경찰력을 동원해서 이 문제를 해결하고자 했다. 미군정은 식량사찰본부를 설치해 가두에서 식량 사찰을 하거나 가택 수택까지 서슴지 않았고, 식량 공출에 불응하는 농민들에게는 벌금, 구류, 체형 등의 처벌을 가했다.

특히 귀속농지를 경작하는 농민들의 경우 식량 공출에 호응하지 않으면 소작권을 박탈하거나 식량 공출에 호응하는 농민에게 농지개혁 시 소작지 매입에 우선권을 주겠다고 회유했기 때문에 식량 공출을 거부할 수 없었다. 미군정에 의한 식량 공출은 결국 행정적·재정적 수단에 의해서 수행된 것이 아니라 물리력에 의해 강제된 강압적인 성격을 띠고 있었다. 식량 공출에 대한 농민들의 반감은 1946년 10월 인민항쟁으로 폭발했다.

일본인 재산의 처리와 운영

미군정은 1945년 9월 25일 일본이 소유했던 국공유재산에 대해 동결조치를 내리고 공공기관을 접수하되, 일본인의 사유재산에 대해서는 소유권을 인정했다. 그러나 1945년 12월 6일 미군정은 법령 제33호를 통해 국공유와 사유재산을 포함한 모든 일본인 재산[敵産]을 미군정에 귀속[歸屬財産]시켰다.

2차 세계대전 이후 미국은 점령 지역에서 패전 국민의 사유재산권을 존중했고, 그 방침은 미군 점령 초기 남한에도 적용되었다. 하지만 곧 미군정은 이례적으로 일본 국민의 사유재산권을 부정하는 조치를 취했다. 그 이유는 전국적으로 강력한 움직임을 보이고 있는 자주관리운동과 이를 주도하고 있는 좌파세력에 대응하기 위함이었다.

1945년 8월 15일 일본이 항복하고 9월 8일 미국이 진주하기 전의 공백기에, 일본인이 물러난 일본인 소유의 회사와 토지에서는 한국인들이 회사와 토지를 접수하고 자주적인 운영을 하기 시작했다. 이른바 자주관리운동이었다. 이는 한국을 사유재산권에 기반한 미국식 자본주의 체제로 만들어 가려는 미국의 의도와 정면으로 배치되는 것이었다.

미군정은 일본인 재산을 미군정에 귀속시킨 뒤 자신들이 선정한 관리인을 임명해 자주관리운동을 무력화시키고자 했다. 1946년 상반기에는 거의 모든 귀속기업체에 관리인이 파견되었다. 일제시기부터 활동해온 상공인들은 '재산관리처 자문회', '공장대책위원회', '산업고문회' 등 다양한 압력단체를 구성해 관리인의 지위를 획득했다.

관리인은 국영기업체의 공무원과 같은 존재라기보다는 보증금을 납부한다든지, 이익금의 일부를 취득할 수 있다든지, 자기자본을 투하한다든지, 추후 매각 과정에서 우선권을 행사한다는 점에서 사실상 그 기업체를 소유한 자본가로서의 성격을 가지고 있었다. 관리인의 출신 배경은 일제시기 그 회사의 직원이나 주주, 관련 상인, 상공업자, 기술자, 미군정 관리, 일제시기 관리 등으로서 일제시기 자본가층이 계승, 확대되는 양상을 보였다.

1947년 7월경까지 귀속기업체는 관리되기만 하고 매각되지 않았다. 통일정부 수립의 가능성이 남아 있다고 판단될 때까지 남과 북의 정권 담당자들은 남북한의 경제가 체제적으로 서로 이질화되는 것을 경계하면서 체제 개혁의 속도를 조절했다. 그러나 통일정부 수립을 위한 미국과 소련의 협의기관인 미소공동위원회가 결렬되자 미군정은 남한 지역에 자본주의 질서가 뿌리내릴 수 있는 기반을 마련하는 작업을 본격적으로 추진했다.

귀속재산의 불하는 바로 그 작업의 일환이었다. 불하된 재산은 총 564건에 13억 5,840만 원, 불하된 기업체는 105건에 8억 4,400만 원이었다. 불하된 기업체는 주로 100만 원 이하의 소규모 업체들이었는데 1947년 7월경부터 매각되기 시작해서 단독선거를 앞둔 1948년 4월 이후에 집중적으로 매각되었다.

비록 소규모 기업체를 중심으로 한 불하였지만 미군정은 귀속기업체 매각을 통해 사적 자본가 계급을 창출하는 선례를 남기고자 했다. 귀속재산의 불하, 사유화야말로 당시 지배적인 경향이었던 국유화에 대항해 사적 소유에 기반한 자본주의 경제질서를 조성할 수 있는 유력한 방법이었기 때문이었다. 1948년 말 현재 대한민국정부로 이전된 귀속기업체는 전국 기업체 총수의 21.6퍼센트에 불과했지만 종업원 수는 48.3퍼센트를, 공산액은 35퍼센트를 차지했다.

한편, 미군정은 동양척식회사의 인력과 기구를 그대로 활용해 1946년 2월 신한공사를 설립하고, 일본인이 소유했던 농지를 관리하기 시작했다. 해방 후 동양척식주식회사 역시 한국인 직원들이 동척관리위원회를 조직해 자치적인 운영을 하고 있었다. 미군정의 신한공사 설립과 토지 회수는 이러한 자치적인 운영을 부정하는 것이었다. 일본

신한공사 미군정은 동양척식주식회사의 소유재산을 인수해 '신조선회사'로 개명하고 1946년 2월 21일 신한공사를 창설했다. 신한공사의 주 업무는 소작인과의 소작 계약, 소작료 징수, 미군정의 식량 공출 정책 수행이었다. 미군정은 신한공사로 귀속 농지를 집중시켰는데, 이는 식량 공출 정책의 성공적인 수행을 위해서였다.

인 소유 농지를 점유한 농민들의 반발이 거셌지만 신한공사는 이들을 불법 침입자로 규정하고 군경에 도움을 요청해서 이들을 제압했다.

신한공사의 주 업무는 소작인과의 소작 계약과 소작료 징수 및 미군정의 식량 공출 정책을 원활히 수행하는 것이었다. 일제시기의 식량 공출에 대한 반감으로 인해 쉽지는 않았지만 신한공사가 소작인들에게서 거두어들이는 곡물은 모든 지방에서 미군정의 수집 실적을 선도했다. 미군정이 신한공사로 귀속 농지를 집중시킨 이유도 바로 식량 공출 정책의 성공적인 수행을 위한 것이었다.

소작료 3·1제와 농지개혁

일본이 패망한 후, 농민들은 일본인과 친일파의 토지를 접수·분배하거나 소작료 납부를 거부하는 활동을 활발하게 전개했다. 주로 일본인과 친일파의 토지는 접수해 인민위원회를 통해 분배했고, 한국인 지주의 토지에 대해서는 소작료 불납 혹은 인하운동을 벌였다.

이에 부응해서 1945년 9월 조선공산당 중앙위원회는 "일본인과 민족반역자, 대지주, 자경하지 않는 중소지주의 토지를 몰수하여 농민에게 분배한다"는 무상몰수·무상분배의 토지개혁 방안을 제시했다. 조선공산당은 토지개혁이 시행되기 전까지 지주 3, 농민 7의 비율로 소작료를 인하할 것을 주장했고, 소련군은 소작료를 현금으로 납부하고 세금과 공과금을 지주가 부담하는 소작료 3·7제를 전격적으로 수용했다.

미군정은 1945년 10월 5일 소작료를 최고 1/3로 제한한다는 소작료 3·1제를 공포했다. 소작료 3·1제는 소작료를 현물로 납부하고, 세금과 종자대를 농민이 부담한다는 점에서 3·7제보다는 농민에게 불리했다. 이는 지주제를 잠정적으로 인정하는 가운데 농민의 급진화를 막기 위한 방안이었다. 그러나 농민들은 소작료 3·1제에 만족하지 않고 1945년 12월 8일 결성된 '전국농민조합총연맹'(전농)을 중심으로 무상몰수·무상분배의 토지개혁을 요구했다.

1947년 2월부터 미군정 경제고문들과 신한공사의 관리들은 농지개혁 법안을 만드는 작업에 착수했다. 인구의 대다수를 점하는 농민의 급진화를 막기 위해서는 농지개혁이 불가피하다는 것이 미군정 경제고문들의 생각이었다. 1946년 10월인민항쟁을 겪고 나서 이들은 빠른 시일 내에 농지매각 계획을 시작해야 한다고 생각했다. 북한은 이미 1946년 3월 무상몰수·무상분배의 토지개혁을 단행했다. 남한의 민심은 북한 토지개혁의 영향을 받아 동요하고 있었다.

남조선과도입법의원(입법의원) 산업노농위원회 대표들은 미군정 경제고문들과의 협의를 거쳐 1947년 12월 유상몰수·유상분배의 토지개혁안을 제출했다. 당시 좌파는 무상몰수·무상분배, 중간파는 무상몰수·유상분배, 우파는 유상몰수·유상분배의 토지개혁을 주장했다. 산업노농위원회 대표들은 중간파였음에도 불구하고 유상몰수·유상분배의 토지개혁안을 추인했다. 그러나 이것조차 지주세력인 한국민주당 측의 반대로 통과되지 못했다.

미군정은 입법의원에서 유상몰수·유상분배의 토지개혁안을 통과시킴으로써 한국인 자신의 손으로 유상몰수·유상분배의 토지개혁을 추진시키고자 했다. 그러나 이것이 무산되자 미군정 단독으로 1948년 3월 중앙토지행정처를 설치하고 귀속농지의 불하사업에 착수했다.

중앙토지행정처는 4월 8일부터 귀속농지를 분배하기 시작했다. 분배조건은 각 농가당 2정보 이하의 농지를 분배하되 현재의 소작인에게 우선권을 주며, 평년작의 300퍼센트를 매년 20퍼센트씩 15년에 걸쳐 현물로 납부하도록 한다는 것이었다. 미군정의 귀속농지 불하사업을 통해 1948년 8월 31일 현재 85.9퍼센트의 귀속농지가 분배되었다.

분배된 귀속농지는 남한 전체 경지면적의 11.6퍼센트, 소작지의 16.7퍼센트에 불과했다. 그러나 귀속농지 불하는 정치적으로 매우 중요한 의미를 가지고 있었다. 첫째, 귀속농지가 불하됨으로써 정부수립 후 농지개혁의 실시가 불가피하게 되었다. 둘째, 입법의원에서 한국인에 의해 제시되었던 유상몰수·유상분배의 농지개혁안이 귀속농지 불하의 원칙으로 확정되었다. 셋째, 농민들의 토지 소유욕을 충족시킴으로써 5월 10일의 단독선거에 유리한 조건이 마련되었다.

미군정은 귀속기업체 중 소규모기업체와 귀속농지의 불하를 통해 남한에 자본주의 질서를 구축하기 위한 단초를 마련하고 대한민국 정부에 정권을 이양했다. 이는 총선거 대비라는 정치적 의미 외에도 남북이 각각 체제적으로도 이질화되기 시작했음을 의미하는 것이었다.

9월총파업과 10월인민항쟁

해방 후의 노동·농민운동

일제의 가혹한 탄압으로 잠복해 있던 노동·농민운동은 해방 후 활기를 띠었다. 노동자들은 공장마다 노동조합을 결성했고, 산업별로 연맹체를 조직했다. 1945년 11월 5일에는 산업별 노동조합의 대표들이 모여 '조선노동조합전국평의회'(이하 전평)를 결성했다. 전평은 1945년 12월 현재 전국 1,757개 조합, 55만 3,408명의 조합원을 가진 명실상부한 한국 노동자들의 대표체였다. 전평이 결성됨에 따라 자연 발생적으로 일어난 일본인 재산의 자주관리운동은 점차 전평의 지도 아래 움직이기 시작했다.

농민들 역시 농민위원회, 농민조합, 농민연맹, 노농연맹, 노농협의회 등 명칭은 다양했지만 각 지역에서 자체적으로 농민조직을 결성했다. 각 지역의 농민조직은 1945년 12월 8일 '전국농민조합총연맹'(전농)이 조직됨에 따라 일원적인 조직으로 정비되었다. 전농은 전국 13도에 도연맹, 군단위에 188개 지부, 면단위에 1,745개 지부, 조합원수 330만 명을 가진 대규모의 조직이었다. 전농의 지도하에 농민들은 소작료 3·7제(소출량의 30퍼센트를 지급하는 방식), 무상몰수·무상분배의 토지개혁, 강제 공출 반대 투쟁을 전개했다.

전평은 행동강령에 최저임금제와 8시간노동제, 노동3권의 보장뿐 아니라 노동자 경영참가와 조선인민공화국 지지를 명시했다. 그리고 1946년 1월 2일 열린 조선공산당 주도의 독립촉성시민대회에서 모스크바3상회의 결정 지지 가두행렬에 적극 참가했다. 이렇듯 한국의 노동·농민운동은 발생 초기부터 국가건설운동과 맞물리면서 강한 정치성을 띠었다.

전평 지도하의 노동운동은 초기의 자주관리운동에서 점차 산업건설운동으로 전환되었다. 모스크바 결정을 지지했던 전평은 조선임시정부가 들어설 때까지 미군정과의 대립을 피하고 산업 건설에 매진하도록 노동자들을 독려했다. 이때 산업건설운동은 국가건설운동의 일환으로서 강조되었다. 현장에서 미군정이 파견한 관리인과 공장을 접수한 노동자들 간의 충돌이 없었던 것은 아니지만 1차 미소공동위원회가 결렬되기 전까지만 해도 전평은 미군정, 자본가들과의 협조기조를 유지했다.

그러나 1946년 5월 1차 미소공동위원회가 결렬되고, 정판사 위조지폐 사건 이후 박헌영에 대한 체포령과 좌파 계열의 신문에 대한 정간 조치가 내려지는 등 미군정의 좌파세력에 대한 탄압이 거세어지자 전평·전농은 방향을 전환하게 된다. 미군정은 한편으로 좌우합작운동을 지원하면서도 좌파의 영향력 하에 있는 노동자·농민들의 그 어떠한 단체행동도 용납하지 않았다. 조선공산당은 미군정의 탄압에 맞서 '정당방위의 역공세'(일명 신전술)로 날카롭게 대립각을 세웠고, 조선공산당과 인적·정책적으로 연계되어 있던 전평과 전농 또한 지금까지의 협조 기조를 포기하고 미군정의 부당한 노동·농민 정책에 맞서 싸우기로 결정했다.

9월총파업과 10월인민항쟁

1946년 9월 1일 경성철도국 측은 노동자들과의 협의 없이 봉급 지급 방식을 일방적으로 월급제에서 일급제로 바꿨고, 운수부 노동자 25퍼센트를 감원한다고 통고했다. 경성철도국 소속 노동자들은 이 조치를 취소하라고 요구하면서 1주일 이내에 성의 있는 회신이 없으면 단체행동에 들어가겠다고 선언했다.

10월 인민항쟁 10월 2일 대구 태평로 인근에서의 총격전 모습(위)과 대구에서 시작된 인민항쟁의 조짐을 다룬 《민주중보》 1946년 9월 30일자 기사(오른쪽). 대구는 미군정기 당시 '조선의 모스크바'라고 불릴 정도로 사회주의 운동이 왕성하게 전개된 곳이었다.

9월 13일 경성철도국 노동자들의 태업을 시작으로, 9월 23일 부산 철도노동자들이 전면 파업에 들어가면서 9월총파업의 서막이 올랐다. 식량 배급, 월급제, 임금 인상, 감원 반대가 이들의 요구조건이었다. 24일에는 경성을 비롯해 전국적으로 4만 명의 철도노동자가 동맹파업했고, 출판·체신·섬유·전기노조가 이에 가세함으로써 총파업은 전국적으로 확산되었다.

전평 주도의 총파업 투쟁에 대한 미군정의 대응은 단호했다. 미군정은 총파업 투쟁을 노동운동을 앞세운 좌파세력의 정치적 도전으로 간주했다. 미군정의 표현을 빌자면 이것은 국가 운영의 방향을 둘러싼 '전쟁'이었다. 미군정은 9월 30일 3,000명의 경찰 병력과 철도경찰, 우익청년단, 전평 타도를 내건 '대한독립촉성노동총동맹'(이하 대한노총) 구성원들을 총동원하여 파업을 무차별 진압하고, 1,200여 명의 노동자를 검거했다.

전평은 9월총파업으로 간부 및 조합원들이 대량 구속되는 가운데 조직이 크게 약화되었다. 이러한 전평의 공백은 파업 진압 과정에서 세력을 키운 대한노총이 대신했다. 미군정은 전평 대신 대한노총과 철도노조의 파업 문제를 교섭했다. 대한노총은 미군정과의 교섭에서 식량 배급, 월급제, 임금 인상, 감원 결정 재고 등 전평과 거의 동일한 요구조건을 내걸었다. 미군정은 전평에 대한 태도와는 달리 대한노총의 요구조건을 전격적으로 수용함으로써 9월총파업을 종결시켰다. 미군정에게는 파업 자체보다 파업을 제기한 조직의 정치적 성격이 어떠한가가 더욱 중요했던 것이다.

9월총파업은 경찰과 우익단체의 진압과 대한노총의 개입으로 조기에 수습되는 듯했다. 그러나 대구에서는 노동자의 총파업에 미군정의 식량 정책에 불만을 가진 학생과 시민이 가세하면서 시위가 한층 복잡한 양상을 띠기 시작했다. 당시 미군정은 여름에 발생한 콜레라의 방역을 위해 대구 인근의 교통을 차단시켰다. 이로 인해 대구 시민의 식량 상황은 급속히 악화되고 있었다.

총파업 이전부터 계속되었던 대구 시민들의 식량배급 요구는 총파업과 맞물리면서 대규모 군중시위의 형태로 변모했다. 경찰과 시민이 대치하는 가운데 10월 1일 경찰의 발포로 1명의 노동자가 사망하자 총파업은 경찰과 시민 간의 폭력적인 충돌사태로 발전했다. 총파업을 계기로 기층 민중의 미군정에 대한 잠재된 불만이 폭발한 것이다.

1946년 10월에서 12월까지 대구에서 시작된 항쟁은 경북−경남−충남을 거쳐 경기−강원−전남−전북의 순으로 파급되면서 전민항쟁으로 확대되었다. 항쟁을 주도한 세력은 군단위로 조직된 농민조합과 인민위원회였다. 민중들의 항쟁은 도시에서는 '식량 배급', 농촌에서는 '강제 공출 반대'라는 절박한 사회경제적인 요구를 담고 있었지만, 이들의 요구는 사회경제적인 문제에 한정되지 않았다. 미군정의 사회경제 정책 실패로 인한 생활고에서 촉발된 항쟁은 점차 이러한 사회경제적인 문제가 발생하는 정치적 본질에 접근하기 시작했다.

해방이 되었음에도 일제의 통치기구는 그대로 온존되었고, 친일파는 다시 미군정의 비호 하에 지배자로 군림하면서 민중을 탄압했다. 특히 항쟁을 탄압하고 민중에게 총부리를 겨눈 경찰은 분노의 직접적인 대상이었다. 항쟁에 참가한 민중들은 '친일파 반대', '미군정 반대', '인민정권·인민위원회에 의한 치안행정', '좌파 인사의 석방' 등을 요

1946년 개최된 메이데이 대구 시민들의 식량배급 요구는 전평의 9월총파업과 맞물리면서 대규모 군중
시위로 변모했다. 경찰과 시민의 대치 중 10월 1일 경찰의 발포로 노동자 1명이 사망하자 총파업은 경찰

과 시민 간의 충돌 사태로 번졌다. 10월인민항쟁으로 민간인 1,000여 명과 경찰 200명이 사망하고, 수천 명이 부상당했으며 1만여 명이 검거되었다.

구했다. 일본은 물러갔지만 '진정한 해방'은 오지 않는 상황에 대한 분노는 민중 스스로 친일파를 배제하고 인민위원회를 중심으로 새로운 행정과 치안을 수립하려는 투쟁으로 발전해 가고 있었다.

하지만 항쟁에 참여한 대가는 잔인한 유혈진압이었다. 항쟁을 진압하기 위해서 미군정은 경찰력을 총동원했고, 경찰력이 진압의 한계를 보이자 군을 투입했다. 국방경비대와 미군이 투입되었고 반공 우익청년단도 서울에서 파견되었다. 10월인민항쟁으로 민간인 1,000여 명과 경찰 200명이 사망하고, 수천 명이 부상당했으며 1만여 명이 검거되었다.

당시 중앙의 정치세력은 좌우로 분열되어 노동자, 농민들의 항쟁을 지원하지 못했다. 우파세력은 좌파세력의 영향을 강하게 받고 있는 10월인민항쟁을 불온시했고, 좌파세력은 미군정에 대한 협조 기조에서 전면투쟁으로 급작스러운 전술 변화를 겪으면서 미군정에 대한 투쟁 방향 등 향후 전망을 명확히 세우지 못한 상태였다.

좌우합작운동이 난항에 부딪힌 가운데 좌우합작운동세력조차 민중들에게 자제를 요청하는 등 중앙정치의 상황은 지역적·분산적으로 투쟁하고 있는 민중을 지원하기는커녕 고립시키고 있었다. 지방의 좌파세력과 수많은 민중들은 중앙정치세력의 지원도 제대로 받지 못한 채 미군정의 가혹한 탄압 속에 희생되어갔다.

9월총파업과 10월인민항쟁으로 전평과 전농, 지역의 노동조합, 농민조합 등 대중조직 역량은 치명적인 타격을 입었다. 미군정은 친미 정권 수립이라는 자신들의 목표 속에서 자신들과 사상과 지향이 다른 세력은 철저히 배제하는 정책을 취했다. 이제 미군정에 반대하거나 좌파적인 시각을 갖고 있는 사람들에게 설 땅은 없었다. 항쟁을 주도한 사람들은 사살, 검거되거나 아니면 검거를 피해 북으로, 혹은 산으로, 지하로 잠복했다.

－정진아

신탁통치 파동으로 좌우 대립이 심화되었지만 그것은 민족 내부의 대립이라기보다 미·소 간 이해관계의 상충 또는 이데올로기적 대결을 대리하는 것이었다. 이승만은 권력을 장악하기 위해 남한단정론을 제기했을 뿐만 아니라 미국과 미군정을 남한단정론으로 이끌어 가는 데 앞장섰다. 1947년 9월 미국은 한국 문제를 유엔을 통해 해결하기로 결정하면서 본격적으로 남한만의 단독정부 수립을 위한 정책을 추진해 나갔다. 이에 위기의식을 느낀 중도파 세력은 민족주의 진영 통합운동을 벌여 1947년 12월 민족자주연맹을 결성했다. 이승만·한민당과 함께 우익 진영의 반탁운동을 주도한 김구 임시정부세력은 이승만과 결별하고 중도파 세력과 연합하여 통일정부 수립노선을 선택했다. 이로써 좌우대립의 틀을 넘어 민족 문제를 중심으로 하는 단정세력과 통일세력으로 분립했다. 김구와 김규식 등은 남북협상을 통해 분단상태의 평화적 해결을 추구했으나, 분단정부의 수립을 막지 못했다. 정부수립 이후에도 통일운동의 구심점이 된 김구는 그 때문에 한국전쟁 발발 1년 전 극우세력에 의해 암살당했다.

단정노선과
통일노선의 갈등

이승만의
'정읍발언'

이승만의 남한단독정부론

해방은 곧바로 자주적인 민족국가 건설로 이어지지 못하고 결국 남북한의 분단으로 귀결되었다. 미국과 소련이라는 초강대국의 직접 점령이 갖는 강한 국제적 규정력을 벗어나 통일민족국가 건설을 위해서는 민족적 단결과 지혜가 절실했다. 미국과 소련은 미소공동위원회(이하 미소공위)와 임시정부 설치로 한반도 문제를 해결한다고 합의했다. 모스크바3상회의 결정 사항이 그것이다. 모스크바 결정 사항은 국내에 전달되는 과정에서 신탁통치안으로 알려졌고, 찬탁론과 반탁론의 극렬한 대립을 가져왔다.

찬반탁 대립에도 미국과 소련이 합의해 한반도 문제를 해결하겠다는 국제적 약속은 여전히 유효했다. 하지만 미국과 소련에게 합의보다도 더 중요한 것은, 자국에 '우호적인' 국가와 체제를 한반도에 확고히 수립하는 것이었다. 이러한 상황에서 이승만은 일찍이 남한단독정부론(이하 단정론)을 제기했다. 이승만은 일제강점기 이래 철저한 반소반공주의자였다. 그는 미·소 간에 냉전이 심화되고 미소공위에 의

귀국 환영회에서의 이승만 이승만은 미소공위가 휴회되자
남한단정론을 주장하는 정읍발언을 발표했다.

한 한반도 통일이 무산될 것을 확신했다. 그리고 해방정국의 복잡한 정세 속에서 자신이 권력을 장악하기 위해서는 남한단정론이 유일한 방법이라고 확신하고, 미국과 미군정을 남한단정론으로 이끌어가는 데 앞장섰다.

이승만의 정읍발언은 남한단정론의 효시로 알려져 있다. 이승만은 1946년 미소공위가 열리고 있던 4월 15일부터 지방순회에 나섰다. 그는 남부 지방을 두루 순회하며 반탁운동을 주도하는 한편 지방에서 자신의 조직적 기반을 확대하고자 했다. 그 과정에서 6월 3일 남한단정론을 주장하는 '정읍발언'이 나왔다. 이승만의 정읍발언은 당시 '폭탄선언'으로 표현될 정도로 일반 정서와 맞지 않는 것이었다. 이승만은 다음날 전주, 6월 5일 이리, 6월 25일 개성에서도 남한단정론을 연속으로 제기했다. 그러나 이승만의 정읍발언은 단정 구상의 효시가 아니라, 미소공위 이전부터 준비된 과정의 일단을 결산하는 발언이었다. 남한단정론은 처음에는 작은 목소리로, 정국의 추이와 여론의 향배에 따라, 특히 미소공위가 난관에 빠질 때마다 조금씩 부각되었다.

미군정은 모스크바 결정 이전에 이미 '정무위원회' 구상에서 남한 단독정부 수립 가능성을 검토한 바 있다. 미군정이 제안한 '정무위원회' 구상은 신탁통치를 폐기하는 대신에 미국의 선제적 행동으로 정부를 구성하고, 여기에 공식적 대표성을 부여해 대소 교섭에서 관철시키자는 것으로 남한만의 단독정부 수립도 배제하지 않았다. 그러나 이러한 제안은 국무부에 의해 거부되었다. 당시 미국은 미소공위를 통한 한국 문제 해결을 공식 정책으로 채택했다.

이승만의 단정론

남한단정론은 이미 4월 초부터 국내에서 언론을 통해 조심스럽게 제기되었다. 미소공위가 지연되던 4월 6일 AP통신은 미군정이 이승만을 주석으로 하는 남조선 단독정부 수립을 본국 정부에 제의했다고 보도했다. 이에 대해 김구는 '천만의외'라며 '남북통일과 좌우협조'를 강조했고, 이승만은 논평을 유보했다. 4월 7일 미 국무부는 남한 단정수립설을 부인하는 성명을 공식적으로 발표했다. 그러나 5월 22일 미군정이 38선을 폐쇄하고 38선 이북 지역 여행에는 특별 허가가 필요하다는 분리 조치를 공표하면서, 민주의원을 중심으로 5월 내 미소공위가 재개되지 않으면 단독정부가 불가피하다는 주장이 확산되었다.

1946년 5월 1차 미소공위가 결렬되자 그간 물밑으로 논의·준비되고 있던 남한단정론이 급부상했다. 그 진원지는 민주의원의 창설자 굿펠로Preston M. Goodfellow, 의장 이승만, 부의장 김규식이었다. 미소공위 결렬 직후 이승만은 지방 순회를 중단하고 서울로 올라와 굿펠로·존 하지·김구 등과 일련의 회동을 가졌다. 그리고 다음날인 5월 11일 돈암장에서 이승만은 매우 암시적으로 남한 단독정부 수립설을 주장하고는 다시 지방유세에 나섰다.

이러한 시점에서 남한단정론을 먼저 표명한 사람은 이승만 대신 민주의원을 이끌고 있던 김규식(1881~1950)이었다. 미소공위 결렬을 계기로 우익 진영에서 소집한 5월 12일 독립전취국민대회는 60개 단체 3만 7천~5만 명이 참여한, 해방 이후 우익 진영의 가장 성공적인 집회였다. 여기서 김규식은 "미소공위가 재개되어 통일정부를 세우지 못하면 우리 손으로 정부를 수립해야 하며, 그것은 대구에 있든 제주

김규식 이승만 대신 민주의원을 이끌고 있던 김규식은 1946년 5월 12일, 미소공위가 결렬되자 우익 진영에서 소집한 독립전취국민대회에서 "미소공위가 재개되어 통일정부를 세우지 못하면 우리 손으로 정부를 수립해야" 한다면서 단정발언을 했다.

에 있든 우리 정부이며 통일정부"라는 단정발언을 했다. 발언의 파문이 확대되자 김규식은 자신의 진의는 통일정부라고 해명했고, 이승만도 "2주일 내로 공위를 속개한다고 하니 단독정부가 설 수 없다"고 조건부로 부인했다. 이리하여 단정설은 다시 잠복했다.

5월의 마지막에 단독정부설은 민주의원 창설자인 굿펠로의 AP통신과의 회견에서 다시 불거졌다. 당시 굿펠로는 이승만과 더불어 이권 양여를 밀약한 것이 폭로되어 결국 미국으로 귀환하게 되었다. 그는 서울을 떠나면서 가진 AP특파원과의 회견에서 "미소공위가 재개되지 않을 경우 미국은 남한 단독정부의 구성을 추진해야 한다"고 소신을 피력했다. 그러나 미군정과 우익 지도부는 공식적으로는 단정설을 부인했다. 5월 24일에는 러치A. L. Lerch 군정장관이, 25일에는 단정론의 진원지로 지목받던 민주의원이, 27일에는 이승만이 각각 단정론을 부인하고 미소공위에 의한 통일정부 수립을 주장했다.

이러한 상황에서 나온 이승만의 정읍발언은 자신의 통일정부 발언을 일주일 만에 번복하는 것이었고, 이후 정계의 핵심 이슈로 부각되었다. 정계에서는 한결같이 단정론을 비판했다. 좌익 진영은 격렬하게 비난했고, 김구의 한독당과 비상국민회의, 중간파인 신한민족당·조선어학회·재미한족회 등도 반대의사를 분명히 했다. 다만 한민당을 중심으로 한 일부 우익세력은 이승만을 옹호하면서 단정과 총선에 대비해 지방 유세대를 조직하기도 했다.

단정 구상을 본격적으로 제기한 이승만에게 중요한 것은 점령당국의 반응이었다. 미소공위 결렬 후 미국 정부는 국무부 주도로 '이승만과 김구'를 배제하는 새로운 대한 정책을 입안했다. 그 결과 좌우합작을 통한 자문입법기구 창설이 새로운 정책으로 확정되었다. 이러한 미묘한 시점이어서 점령 당국도 5월 말부터 이승만의 남한단정론 표명에 대해 비판적인 입장을 표명했고, 6월 중순부터는 종래의 암묵적 지지와는 달리 직접 진화작업에 나서 분명한 반대 입장을 표명했다. 이에 따라 남한단정론은 미군정의 부인, 김구 임정계의 '자율적 통일정부' 수립을 모색하는 과정에서 '잠복'했지만, '소멸'된 것은 아니었다.

단정노선과
통일노선의 대립

단정노선과 통일노선으로 재편된 국회

1947년 재개된 2차 미소공위가 협의 대상 문제로 또다시 결렬되자 정치세력은 크게 단정노선과 통일노선으로 재편되었다. 이 시기 정치세력은 이전의 좌우 대립이라는 이념적 틀을 넘어서, 민족 문제를 축으로 단정추진세력과 통일운동세력으로 분립했다. 즉 이승만과 한민당을 중심으로 한 단정세력과 중간파 및 김구 임정계가 결합한 통일운동세력의 결집이 그것이다. 단정노선이 현실화하면서 이에 위기의식을 느낀 민족주의세력이 결집하게 된 것이다.

1946년 6월 정읍발언을 통해 남한 단독정부 수립을 주장했다가 여론의 거센 비판을 받았던 이승만은 1946년 11월부터 다시 본격적으로 단정론을 제기했다. 특히 1946년 12월에서 1947년 3월 사이에 이승만은 직접 미국으로 건너가 단독정부 수립을 위한 외교활동을 벌였다. 이승만이 미국에 체류하며 펼친 활동은 전적으로 미국의 정책 담당자들과 자신의 후원자들, 그리고 여론에 단정안을 부각시키는 데 초점이 맞춰졌다. 이승만은 남한 단정안을 추진하는 것만이 자신이 정권을 장악할 수 있는 유일한 길이라고 여겼다.

이 무렵부터 미국의 한국 정책 담당자들 사이에서도 단정론이 머리를 들기 시작했다. 미국 측 단정안은 미·소 간 타협 전망이 어두운 상태에서 한국의 국내정치에 미국이 깊이 연루되거나, 미국이 한국의 민족주의적 저항과 정면대결하는 사태가 벌어지기 전에 남한에서만이라도 미국의 이해관계를 관철시킬 수 있는 정부를 수립하자는 것이었다. 그러나 미국은 이 시기 단정안을 지지하는 세력은 이승만과 한민당을 중심으로 하는 우익 일부에 불과하다고 보고, 그들의 극우적 성향과 허약한 정치적 기반 때문에 단정안을 유보했다.

미군정의 반응

이 당시 미국에 머물던 이승만은 트루먼 독트린Truman Doctrine (1947. 3. 12) 발표 이후 한층 적극적으로 미국 정부와 여론을 향해 자신의 단정안을 선전했지만, 미국은 오히려 이승만의 단정안과 미국 정책 사이의 거리를 강조했고, 그를 견제했다. 미국은 단정안을 한국 문제의 근본적 해결책으로 간주하지 않았고, 미소공위의 최종적 결렬을 기정사실로 받아들일 때까지 단정안이 현실화되는 것을 원치 않았다. 단정 수립으로는 한국의 내부정세 격화에 대응할 수 없고, 미국의 대한 정책 목표를 제대로 관철시킬 수 없다는 상황판단에 따른 것이었다. 대신에 미·소 간 협상, 경제 원조와 중간파 지원을 통한 과도정부 수립이라는 종래의 정책적 기조를 유지했다.

점령 이후 미군정은 중도파의 견인을 통한 우익블록의 강화, 좌익세력의 약화를 주요 전술적 목표로 추진했다. 미국은 여운형, 김규식 등의 중도파를 대중적 지지의 확보나 지도력의 제공이라는 측면에서 점령 정책의 안정과 과도정부의 수립에 필요한 존재로 여겼다. 또 미국의 공식 정책이 미소공위를 통한 임시정부 수립에 머무는 한 중간파를 매개로 한 대소 협상의 추진이 가장 현실적인 대안이라고 여겼다.

이러한 미국의 정책에 따라 미군정은 정치적 자문회의를 구성해 안정된 정치 기반을 형성하고자 했고, 그 일환으로 미소공위를 조속히 재개해 임시정부를 수립하고자 하는 정치세력의 요구가 맞아떨어져 좌우합작운동이 진행되었다. 이때 미군정의 의도는 온건세력을 조직적으로 분리해 냄으로써 좌익을 약화시키고, 우익 정치세력의 정치적 관리 능력을 강화시키려는 것이었다. 반면에 좌우합작운동을 주도한 여운형, 김규식 세력은 좌우합작운동을 통일전선 형성의 고리와 매개로 사고했다. 그리고 더 나아가 남한에서 좌우합작을 이루어 남조선 과도입법의원을 장악하고, 이를 북쪽과의 협상기구로 삼아 남북합작을 추진해 통일민족국가를 수립하고자 했다.

1947년 전반기 입법의원과 좌우합작위원회를 기반으로 한 김규식의 중도우파는 미국의 지원 정책에 기대를 가지고 있었으며, 여운형의 중도좌파는 미국의 정책에 실망하여 입법의원 외곽에서 새로운 정치활동을 모색하고 있었다. 1947년 초 미소공위가 재개될 조짐을 보이자 여운형은 남부 지방을 순회하면서 정치활동을 재개했다. 여운형은 구 인민당원을 근간으로 5월 24일 근로인민당을 결성해 정계복귀를 꾀했고, 당 결성 과정에서 북한과 사전에 교섭했다. 그리고 근로인민당 창당 이후에는 좌우를 포괄하는 폭넓은 활동을 벌였다.

중도파의 단결과 분열

중도파를 중심으로 하는 민족주의 진영의 강화 및 통합 모색은 2차 미소공위 재개를 전후해 더욱 활발해졌다. 중도파는 민족자주성을 강화하면서 위원회·전선·협의체 등의 연합조직과 중도정당의 연대를 통해 세력을 정비했고, 이를 기반으로 극우 진영을 제외한 폭넓은 연대를 모색했다.

이러한 활동에 대해 극도의 위기의식을 느낀 이승만 등의 우익 진영은 중도파에 대한 집요한 공격을 계속했다. 김규식에게는 주로 정치적 공격을 시도했고, 여운형에게는 폭력 테러가 동원되었다. 7~8월의 한여름에 집중된 우익의 테러는 '내전'에 근접하는 대대적인 것이었다. 이런 와중에 결국 여운형은 암살당하고 말았다. 여운형의 암살은 무르익어 가던 중도파의 통합운동과 신생 정당 근로인민당의 진로에 커다란 타격이었다.

한편 2차 미소공위 재개 가능성이 높아가던 1947년 초 이승만·한민당과 김구·임시정부계는 함께 반탁운동을 주도했다. 그러나 전자는 선거에 의한 남한단정 수립을, 후자는 임정법통론에 의한 정부수립을 최고 목표로 삼았다. 양자의 갈등은 미소공위가 재개되면서 더욱 심화되었으며, 1947년 후반 우익 진영은 충칭임정의 국민의회와 이승만의 한국민족대표자대회로 나뉘어졌다.

미국은 1947년 7월 이후 미소공위 결렬이 기정사실화되면서 유엔을 통한 해결 방식으로 전환했다. 1947년 9월 미국은 모스크바 결정을 통한 한국 문제 해결 방식을 일방적으로 파기하고, 소련의 반대에도 불구하고 한국 문제를 유엔으로 이관했다. 소련은 유엔이 한국 문제를 다룰 근거가 없다고 반박했지만, 1947년 11월 유엔총회에서는 소련의 미소 양군 철수안을 부결하고, 미국의 주장을 받아들여 남북한 인구 비례에 의한 자유선거를 결의했다. 그리고 총선거를 감시하기 위해 한국위원단을 설치하기로 결정했다. 당시 유엔은 미국이 주도하고 있었기 때문에 소련의 주장은 받아들여지지 않았다. 이것은 엄밀히 따지자면 미국의 모스크바3상회의 협정 위반이고 책임 회피였다.

미군정은 본격적으로 남한만의 단독정부 수립을 위한 정책을 추진해 나갔다. 미군정은 본국에서 파견된 웨드마이어 사절단, 드레이프 사절단 등과의 회담을 통해 단정 수립에 필요한 정책적 입장들을 긴밀하게 협의해 나갔다. 그 결과 미군정은 정치적 불안정·경제적 피폐 등의 남한 상황과 주한미군 철수 문제를 고려하면서, 군대 육성과 경제 원조를 중심으로 하는 정책 방안을 마련해 나갔다.

1948년 1월 8일 유엔총회 결의에 따라 유엔한국임시위원단이 서울에 도착했다. 그러나 임시위원단의 방한에도 선거가 정상적으로 진행되기는 어려웠다. 임시위원단은 소련 측의 거부로 북한 지역에는 들어가지 못했다. 원래 위원단은 남북한의 좌우익 정치지도자를 차례로 접촉할 계획이었으나 북한 측 지도자는 아무도 만나지 못했고, 남한에서도 남로당 측과는 접촉도 하지 못했다. 위원단과의 접촉에서 이승만과 한민당은 남한만이라도 총선거를 먼저 하자고 주장했고, 김구의 한독

남한 단독선거안 논의하는 메논과 김구 1948년 3월 13일 유엔조선임시위원단장 메논K. P. S. Menon(사진 앞줄 왼쪽)이 김구를 만나 남한 단독선거안에 대해 논의했다. 김구 세력은 이승만과 한민당이 단독정부 수립 노선으로 기울자 이들과 결별하고 좌우합작운동을 전개했던 중도파 세력과 연합해서 통일정부 수립 노선을 선택하게 된다.

당과 김규식의 민족자주연맹은 남북통일을 위한 남북회담 개최에 유엔 한국위원단이 협조해 주도록 요청했다.

이승만은 유엔한국임시위원단 입국 전에 이미 조기총선을 실시해 임시정부를 구성하고, 이 임시정부가 유엔위원단과 교섭해야 한다고 주장했고, 한민당 역시 조기 단선·단정 수립을 적극 추진했다. 이승만·한민당과 함께 신탁통치 반대운동을 폈던 김구 세력은 이승만 등이 결국 단독정부 수립 노선으로 가게 되자 이들과 결별하고 김규식 등 좌우합작운동을 폈던 중도파 세력과 연합해 통일정부 수립 노선을 선택했다.

우익 진영의 분열

우익 진영의 대분열에는 장덕수 암살 사건이 중요한 계기로 작용했다. 1947년 12월 2일 발생한 한민당 정치부장 장덕수 암살 사건은, 유엔한국임시위원단의 도착에 대비해 우익 진영의 통합 분위기가 성숙되어 가던 시기에 일어났다. 장덕수 암살 사건의 배후로 경찰은 국민의회를 지목하고 김구를 법정에 세움으로써 우익 진영에 치명적 손상을 입혔던 것이다.

우익의 양 거두였던 이승만과 김구의 결별은 이미 국가건설론의 차이에서 예견되었고, 민족분단이 현실로 박두하면서 이들 둘의 갈등은 통일과 분단이라는 체제적 대립으로 비화했다. 신탁통치 파동으로 좌우 대결이 가속화되었지만 그것은 우리 민족 내부의 대립이라기보다 미·소 간 이해관계의 상충 또는 이데올로기적 대결을 대리하는 것이었다. 그러나 단정안이 본격적으로 추진되면서 좌우대립의 틀을 넘어

장덕수 암살 사건 재판에 참석한 김구 1947년 12월 2일 한민당 정치부장이던 장덕수가 암살당했다. 유엔한국임시위원단의 도착에 맞춰 우익 진영이 통합해야 한다는 분위기가 무르익고 있던 시기에 발생한 장덕수 암살 사건은 우익 진영 대분열의 중요한 계기가 되었다. 경찰이 장덕수 암살 사건의 배후로 국민의회를 지목하고 김구를 법정에 세움으로써 우익 진영에 치명적 손상을 입혔기 때문이다.

서 민족 문제를 중심으로 하는 단정세력과 통일세력으로의 분립이 이루어진 것이다.

2차 미소공위 결렬과 이승만이 내세우는 남한단정론의 강력한 대두는 민족주의 진영의 정치적 위기의식을 심화시켰다. 이에 대처하기 위해 민족주의 진영은 독자적인 세력 결집과 긴밀한 연대를 모색했다. 1947년 후반 여운형의 암살 이후 김규식은 홍명희, 안재홍, 원세훈 등과 함께 중도파 세력을 규합했다. 이러한 중도파 중심의 민족주의 진영 통합운동으로 1947년 12월 민족자주연맹이 결성되었다. 민족자주연맹은 4개 연합단체, 14개 정당, 25개 사회단체 및 개인으로 구성되었으며, 기본이념은 민족자주와 민족통일, 좌우합작의 민주주의 등이었다.

당시 선거 강행과 선거 저지가 격돌하는 가운데 김구와 김규식은 남한만의 총선거를 반대하고 통일정부 수립을 위한 남북협상을 제안했다. 이들은 "한국 문제는 민족자결주의에 의거, 남북지도자들의 협상으로 해결해야 한다"고 주장하면서 유엔 한국위원단의 협조를 요청했다. 그리고 2월 26일 김일성에게 서한을 보내 남북정치지도자 간의 정치 협상을 제안했다. 그 뒤 남한에서는 단독정부를 주장하는 이승만·한민당과 남북협상을 주장하는 김구·김규식 사이에 심각한 논쟁이 전개되었다.

중도파 정치세력은 5당회의, 각 정당협의회, 민족자주연맹 등을 통해 한국 문제의 유엔 이관을 비판하고, 소련 측이 대안으로 제시한 미소양군 철수 주장에 동조하면서, 남북정치지도자회의 소집을 요구했다. 결국 3월 12일 김구·김규식·김창숙·조소앙·조성환·조완구·홍명희 등은 이른바 '7거두성명'을 발표해 단독선거 단독정부에 불참할 것을 선언했다. 이어서 4월 14일 문화인 108인은 남북회담 지지성명을 발표했다. 이름 그대로 남한의 지식인층을 대표하던 이들은 성명을 통해 남북협상이야말로 "남북통일을 지상적 과제로 한 정치적 합작"이라고 주장했다.

당시 일반 대중 사이에는 극단적인 좌우익의 대립이 남북한의 전쟁으로 귀결될 것이라는 예상과, 미국과 소련의 냉전이 심화됨과 함께 3차 세계대전이 또다시 일어날 것이라는 예측이 무성했다. 남북 간 전쟁에 대한 우려는 통일운동세력의 결집을 가져왔으며, 분단상태의 평화적 해결을 추구하는 가장 중요한 계기였다.

남북협상과 김구 암살

한편 이 시기 남로당과 민족주의민족전선을 비롯한 좌익은 단독선거 거부 투쟁에 돌입해 이른바 2·7구국투쟁으로 불리는 총파업 투쟁을 시작했고, '남조선단선반대투쟁 전국위원회'를 조직하여 본격적인 선거 저지 투쟁에 돌입했다.

김구·김규식을 중심으로 한 단선·단정 반대세력은 북한과의 남북연석회의를 추진했고, 그 결과 4월 남북조선제정당사회단체연석회의가 개최되었다. 그러나 남북정치협상은 현실적으로 분단을 저지시키지 못했다. 남한만의 5·10단독선거 이후에도 김구·김규식 등은 통일정권의 수립을 가져올 어떤 기회가 있으리라는 기대를 버리지 않았다. 김구의 한독당과 김규식의 민족자주연맹은 1948년 7월 21일 통일독립촉진회를 결성하고, 통일운동세력의 결집과 민족 문제의 자주

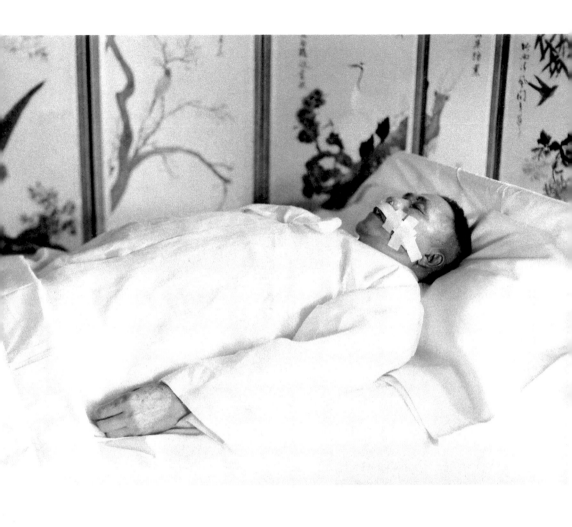

김구 암살 통일운동의 구심점이던 김구는 1949년 6월 26일 당시
육군 소위였던 안두희에 의해 암살당했다.

김구 운구 행렬 1949년 7월 5일 국민장. 김구는 분단정권이 수립된 이후에도 통일운동을 지속하며 분단이 전쟁으로 비화하는 것을 막기 위해 노력했다. 그의 암살은 이 같은 노력을 막고 통일운동세력의 구심점을 제거하려는 극우 세력의 의도에서 비롯된 것이다.

적 해결을 위해 노력했다. 이들은 남북에 수립된 두 정부의 정당성을 모두 부인하고, 유엔에 분단국가 수립의 부당성을 계속 항의하는 등 통일민족국가 수립노선을 고수했다. 통일운동의 구심점이 되었던 김구는 결국 그 때문에 테러 위협과 감시에 시달리다가 1949년 6월 26일 당시 육군 소위였던 안두희에 의해 암살당했다.

해방정국의 정치지도자 암살은 민족 운명의 향배를 좌우하는 데 결정적인 역할을 했다. 1945년 12월 송진우 암살, 1947년 7월 여운형 암살, 1947년 12월 장덕수 암살에 이어 1949년 6월 김구 암살까지 일련의 사건은 민족의 운명이 갈림길에 있거나 적어도 중대한 결단의 시점에 서 있던 순간에 벌어졌다. 모스크바3상회의를 둘러싼 대립이 벌어지기 직전 합리적 우익이었던 송진우가 암살당했고, 여운형은 2차 미소공위가 성공과 실패의 갈림길에서 민족주의세력을 결집하는 과정에서, 그리고 장덕수는 2차 미소공위 재개 후 미소공위 참가로 돌아섰다가 암살당함으로써 우익 진영의 대분열을 가져왔다. 김구 암살은, 분단정권 수립 이후에도 통일운동을 지속하며 분단이 전쟁으로 비화하는 것을 막으려는 통일운동세력의 구심점을 제거하려는 극우세력의 의도에서 비롯되었다.

−김보영

1948년은 우리 민족이 통일과 분단의 갈림길에서 선택을 강요당한 때였다. 1947년 9월 미국은 유엔에 한반도 문제를 상정하고 소련은 이것을 거부했다. 결국 유엔 총회는 남북한 총선거의 실시와 선거감시 기구의 구성을 결의했으나, 소련과 북한 당국의 반대로 이마저도 쉽지 않았다. 1948년 2월 유엔 소총회는 남한만의 선거 실시를 결정했다. 민족 분단의 위기가 현실로 다가오자 한평생 조국의 자주독립을 위해 투쟁해 온 김구·김규식 등은 북한 지도자들과의 회담하기 위해 기꺼이 38도선을 넘었다. 그리하여 남북의 지도자들이 회의를 열었으나 분단을 막지는 못했다. 이 무렵 좌익은 단독선거에 반대하는 격렬한 투쟁을 벌였다. 선거사무와 관공서 등을 습격하며 각종 시설물을 파괴하고 총파업과 맹휴를 전개했다.

1948년 4월 3일 제주도에서 발생한 4·3사건은 해방 전후 쌓여온 모순이 폭발한 것이었다. 직접적으로 1947년 3·1절 식의 때 발생한 경찰 발포에 대한 항의로부터 발단했으나 이전부터 쌓여온 제주도민들의 불만이 폭발한 것이다. 이 과정에서 민간인 학살이 자행되고 살아남은 사람들은 연좌제의 사슬에 묶였다. 이 때문에 4·3사건의 진상은 왜곡되고 그 진상에 대한 사실 접근조차 허락되지 않았다. 그리하여 한동안 4·3사건은 '폭동'이나 '내란'으로, 제주도는 '반란의 섬'으로 매도당했다. 4·3사건의 진상규명은 한국 사회의 민주화와 궤를 같이 했다. 한국 사회의 민주화가 진전됨에 따라 4·3사건의 진상을 규명할 수 있는 특별법이 제정되고, 조사를 통해 그 진상이 밝혀지자 국가폭력에 대한 정부의 인정 및 사과가 뒤따랐다.

남북연석회의와
4·3사건

단선·단정반대운동

1947년 3월 12일 미국의 트루먼Harry S. Truman(1884~1972) 대통령
은 의회에서 공산주의 위협에 대처하기 위해 자유주의 진영에 군사·
경제 원조를 제공하겠다며 의회의 협조를 요청하는 연설을 했다(트루
먼 독트린Truman Doctrine). 냉전cold war의 시작을 알리는 신호탄이었
으며, 이것은 미군과 소련군이 주둔한 한반도에 직접적인 영향을 미
쳤다. 우여곡절 끝에 1947년 5월 21일 다시 열린 2차 미소공동위원회
(이하 미소공위)는 7월부터 협의대상 선정 문제로 돌파구를 찾을 수 없
었다. 이전부터 미국과 소련은 자국에 유리한 방향으로 회담을 마무
리 지을 명분을 찾고 있었다. 미국은 한반도 문제를 4개국(미국, 소련,
영국, 중국) 회담에 부칠 것을 제안했으나 소련은 이를 거부했다.

9월 17일 미 국무장관 마샬George Catlett Marshall(1880~1959)은 유엔
총회에서 한반도 문제를 유엔에 상정하는 연설을 하고, 9월 21일과
23일에 열린 유엔 총회 운영위원회와 유엔 총회에서는 한반도 문제의
토의를 통과시켰다. 소련은 '2차 세계대전의 적국 행위와 관련된 문
제에 대한 권한이 없다'는 유엔헌장 제107조의 조항을 내세우며 유엔
이 한국 문제를 토의할 권한이 없다고 반대했다. 9월 26일 미소공위

소련 대표 슈티코프Terenti Fomitch Stykov(1907~1964)는 1948년 초순까지 미소 양군 철수와 조선인의 자주적 결정에 따른 독립정부 수립을 주장하는 성명을 발표했다. 10월 21일 열린 유엔 총회에서 미국 대표 덜레스John Foster Dulles(1888~1959)는 한반도에서의 선거 실시와 선거 감시를 위한 유엔기구 구성 등을 골자로 하는 결의안을 제출했다. 11월 14일 유엔은 유엔기구의 감시 아래 인구 비례에 따라 남북한 총선거를 실시, 선출된 대표로서 정부를 구성한다는 결의안을 통과(찬성 43, 반대 0)시켰다.

유엔 총회의 결의에 따라 구성된 유엔한국임시위원단UNTOCK (United Nations Temporary Commission on Korea)*이 1948년 1월 8일 한반도에 들어왔다. 우익 세력은 '유엔한국임시위원단 전국환영준비위원회'를 결성하고 이승만·한국민주당·독립촉성국민회 등은 환영 성명을 발표하며 '남한만의 즉각 선거 실시'를 주장했다. 김구·김규식을 비롯한 중도파는 북한과의 대화를 시도하고, 남로당을 비롯한 좌익 세력은 유엔결의안을 강력 반대했다.

민주주의민족전선(이하 민전)은 1948년 1월 15일 성명에서 미국을 제국주의로 규정하며 강력한 반대투쟁을 예고했다. 민전은 "괴뢰적 단선·단정을 분쇄하고 외세의 앞잡이 유엔위원단을 국외로 구축하고 미·소 양군을 철병시켜 조국의 주권을 방어하고 통일, 자유, 독립을 쟁취하기 위해 성스러운 투쟁에 기립했다. …… 그러므로 우리 조선 인민은 모든 계층과 당파와 사상의 여하를 불구하고 정의의 구국투쟁에 총궐기해 우선 무엇보다도 단선·단정을 분쇄하지 않으면 안 된다. 전 인민이 일치단결해 강제적·괴뢰적 단선을 보이콧한다면 우리는

유엔한국임시위원단

1947년 11월 14일 유엔 총회에서 한반도에서 인구비례에 따른 총선거 실시, 유엔한국임시위원단 파견을 결의함에 따라 호주·캐나다·중국·엘살바도르·프랑스·인도·필리핀·시리아 등 8개국 대표로 구성됐다. 위원단은 1948년 1월 8일 한국에 도착했으나 소련이 위원단의 38도선 이북의 입북을 거부함으로써 유엔 총회가 결의한 한반도에서의 총선거는 무산됐다. 위원단은 남한만의 선거 실시에 대해 결론을 내리지 못하고 유엔 총회에 보고서를 제출해 1948년 2월 유엔 소총회는 '선거 실시가 가능한 지역만이라도 '선거 감시'하라는 결정을 내렸다. 그리하여 위원단은 1948년 5월 10일 선거를 감시하고 같은 해 12월 유엔 총회에 보고서를 제출했다. 그 뒤 위원단은 그 명칭을 유엔한국위원회UNCOK(United Nations Commission on Korea)로 바꾸어 미군 철수 감시 및 남북통일 등의 임무를 수행했다. 1950년 6월 25일 한국전쟁 발발 이후 유엔에 보고서를 제출한 뒤 같은 해 10월의 유엔 총회에서 유엔한국통일부흥위원회UNCURK(United Nations Commission for the Unification and Rehabilitation of Korea)에 흡수됐다.

단정 음모를 분쇄할 수 있을 것이다"는 성명을 발표했다.

남로당은 1948년 2월 7일부터 단선 추진에 분쇄한다며 '2·7구국투쟁'을 벌였다. 남로당은 '① 유엔의 결의에 따른 단독선거 분쇄, ② 양군 철퇴와 조선민주주의인민공화국 수립, ③ 북조선에서 이미 실시된 민주개혁의 실시' 등을 당면 투쟁의 목표로 내걸었다. 남로당은 다음의 구호를 내걸며 단선반대투쟁에 나섰다.

"조선의 분할침략계획을 실시하는 유엔한국임시위원단을 반대한다! 남조선 단독정부 수립을 반대한다! 양군 동시 철퇴로 조선통일민주주의정부 수립을 우리 조선 인민에게 맡기라! 국제제국주의 앞잡이 이승만, 김성수 등 친일반동파를 타도하라! 노동자 사무원을 보호하는 노동법과 사회보험제를 즉시 실시하라! 노동임금을 배로 올리라! 정권을 인민위원회에 넘기라! 지주의 토지를 몰수하여 농민들에게 무상으로 나누어 주라! 조선민주주의인민공화국 만세! 유엔한국임시위원단 반대!"

조선노동조합전국평의회(이하 전평)는 총파업을 전개하며 교통·수송을 마비시키려고 교량·철도·도로 등의 파괴 및 전신주 절단 등을 시도했다. 학생들도 동맹휴업에 들어갔다. 남로당 측 집계에 따르면 2월 7일부터 9일까지 3일간의 투쟁에 총 147만여 명이 참가하고, 400여만 장의 삐라·벽보·벽서 등이 선전물로 뿌려졌다. 그 결과 37명이 사망하고 146명이 부상했으며 1만 845명이 검거됐다(《노력인민》 1948년 3월 26일). 남로당의 총력투쟁에도 유엔 소총회는 2월 26일 '남한만의 선거 추진과 유엔한국임시위원단의 선거 감시'를 통과시켰다.

남로당은 2·7구국투쟁 이후 효과적인 투쟁을 벌일 특별조직으로 4

구국투쟁 1948년 2월 7일부터 9일까지 전개된 구국투쟁을 보도한 신문기사. "음모는 남로당의 지령"라는 부제목을 달고 있다. 《동아일보》 1948년 2월 10일자.

3·22총파업
1947년 3월 1일 제주도에서
발생한 경찰의 발포에 항의하
는 제주도 3·10총파업에 호응
해 육지에서도 3월 22일 총파
업을 전개했다.

월 1일부터 선전사업과 폭력투쟁을 병행할 선전선행대宣傳先行隊를 조
직했다. 이를 바탕으로 남로당은 1948년 3월 22일 '3·22총파업' 1주
년 총파업을 단행하고 단선·단정에 반대하는 봉화, 시위, 맹휴 등을 전
개했다.

4월 19일부터 30일까지 평양에서는 남북연석회의가 열렸다. 이 회
의에서는 남한만의 단독선거에 반대하는 투쟁을 전개할 기구로서 '남
조선단선반대투쟁 전국위원회'를 조직했다. 이후 남로당은 '백골대白
骨隊', '유격대', '인민청년군' 등 소규모 무장대를 만들어 관공서, 특히
경찰서, 통신 및 운수기관, 언론사 그리고 우익인사 및 경찰관 등을
공격하는 폭력노선으로 일관했다. 경찰이 비상경계에 들어가고 미군
이 특별경계령을 발동했음에도 단선반대 투쟁은 계속됐다. 전평 산하
노조가 5월 8일 오전 8시 총파업에 들어갔고, 서울 시내 대학, 전문학
교, 중학교 등은 맹휴에 돌입했다. 남로당은 5월 8일 통신망을 파괴하
고 기관차 운행을 중지시키거나 파괴하는 등 선거 시설 파괴에 집중
했다. 단독선거가 치러진 5월 10일에는 경찰서를 습격하거나 선거사
무소를 폭파하는 등의 사건이 발생했다. 남로당은 5·10선거 이후 선
거무효 투쟁을 전개했는데, 이 투쟁은 6월 중순까지 지속되고 인공수
립 투쟁과 같이 진행됐다.

6월 29일부터 7월 5일까지 개최된 2차 남북연석회의에서는 5·10선거
가 절대 다수의 인민이 불참한 가운데 강압적으로 실시되었기 때문에 남
조선 국회와 정부를 인정하지 않기'로 결의했다. 또 최고인민회의 대의
원을 뽑고 남북조선 대표자들로 조선중앙정부를 수립할 것을 결정했
다. 남쪽에서는 남로당, 전평, 민애청 등 좌익조직이 7월 15일부터 8

연석회의장으로 들어가는 북한 주석단 1948년 4월 19일 평양 모란봉극장에서 남북조선제정당 사회단체대표자연석회의가 열렸다. 사진은 회의에 참석하기 위해 회의장으로 입장하고 있는 북측 대표들의 모습. 왼쪽부터 김일성, 박헌영, 김원봉, 김달현, 허헌, 김두봉. 이 회의에서 남한만의 단독선거에 반대하는 투쟁을 전개할 기구가 조직되었고 남로당은 소규모 무장대를 만들어 경찰서, 언론사 등을 공격했다.

월 10일까지 이른바 '지하선거'를 실시했다. 경남·경북·전남·강원 등 좌익세력이 아직 남아 있는 외딴 마을에서는 선거가 반공개적으로 실시됐는데, 입후보자들과 선거위원·전권위원·선전원 등 950여 명이 경찰에 체포 투옥되기도 했다. 우여곡절 속에 치러진 연판장 선거를 거쳐 8월 21일 해주에서 남조선인민대표자대회가 열렸다. 6일 동안 열린 이 대회에는 대표 1,080명 가운데 1,002명이 참가하여 남조선최고인민회의 의원 360명을 선출했다.

1945년 8월 15일 38도선 분할이 우리 민족이 아닌 외세에 의해 이루어졌듯이 1947년 후반부터 1948년에 추진된 선거에서도 비슷한 상황이 반복됐다. 한반도의 운명을 결정짓는 절체절명의 결정임에도 우리 민족은 모든 과정에서 철저하게 배제됐다. 그로 인해 우리 민족은 스스로의 의사와는 상관없는 결정에 영향을 받으며 피를 흘려야 했다.

남북연석회의

1948년 1월 8일 유엔한국임시위원단이 한반도에 들어오자 분단은 현실로 다가왔고, 남로당을 비롯한 좌익 세력은 총파업 및 대중시위를 통해 적극적인 반대투쟁에 돌입했다. 김구·김규식을 비롯한 중도파는 북한과의 직접 대화를 시도했다. 김구는 1월 26일 유엔한국임시위원단과의 회담을 마친 뒤 "미소 양군이 철퇴하지 않고 있는 남북의 현상으로서는 자유로운 분위기를 가질 수 없다. 양군이 철퇴한 후 남북요인회담을 하여 선거준비를 한 후 총선거를 하여 통일정부를 수립하여야 할 것이다"라는 담화를 발표했다. 이어 1월 28일 유엔한국임시위원단에 보낸 의견서에서 '총선거로 통일된 독립정부 수립과 남한만의 단독정부 수립 반대, 총선거는 인민의 절대 자유의사에 의해 실시, 현 정세의 실질적 개선 없는 총선 반대, 소련을 구실로 유엔의 역할포기 반대, 조만식을 포함한 남북한 모든 정치범 석방, 미소 양군 철퇴 및 한국의 치안을 유엔이 담당, 남북 지도자회의 소집' 등을 발표했다. 김구·김규식은 2월 초순까지 유엔한국임시위원단과 남북요인회담을 협의했다.

김구는 2월 10일 발표한 〈삼천만 동포에게 읍고泣告함〉에서 "친애하는 삼천만 자매형제여! 우리를 싸고 움직이는 국내외 정세는 위기에 임하였다"며 "통일하면 살고 분열하면 죽는 것은 고금의 철칙이니 …… 나는 통일된 조국을 건설하려다가 삼팔선을 베고 쓰러질지언정 일신一身에 구차한 안일安逸을 취하여 단독정부를 세우는 데는 협력하지 아니하겠다"는 강력한 통일의지를 표명했다.

미군정은 김구와 김규식, 특히 김규식에 대해 남북회담의 포기를 종용했다. 미군정은 김규식에게 북한의 정세를 설명하며 5·10선거의 참여를 권유했다. 그러나 2월 16일 김구·김규식은 두 사람 이름으로 북한의 김일성과 김두봉에게 편지를 보냈다. 이 편지의 요지는 '유엔 감시하의 전국 총선거'와 이를 위해 남북정치협상 및 남북지도자회의를 열자는 것이었다.

2월 26일 유엔 소총회는 선거 실시가 가능한 지역에서만 선거를 치르자는 미국의 결의안을 통과시켰다. 미군정은 김구·김규식을 선거에 참여시키기 위해 압박을 가했다. 미군정은 김규식을 회유하는 한편, 김구는 '장덕수 암살 사건'의 배후로 지목하며 압박했다. 내외적인 어려움에 직면하자 김규식은 '선거에도 참여하지 않으며 반대하지도 않겠다'는 태도를 보이고, 김구는 소련을 비판하면서 동시에 유엔도 비판했다. 민족자주연맹에 적극 참여하던 홍명희는 '통일 없는 독립은 있을 수 없다'며 김구·김규식과 행동 통일을 모색했다. 3월 12일 김구·김규식을 포함한 7명의 민족 지도자들이 '7거두성명'(김구·김규식·김창숙·조소앙·조성환·조완구·홍명희)을 발표해 '남한만의 총선거에 참여하지 않겠다'는 입장을 발표했다.

3월 25일 북한은 김구·김규식의 편지에 대한 답장과 함께 남한의 정당·사회단체에 보낸 편지를 방송과 인편으로 전달했다. 북한은 김구·김규식에게 남한만의 단독선거 추진에 반대하며 한국 문제의 해결을 위해 4월 평양에서 남북지도자연석회의(남한은 15명, 북한은 10명)를 개최하자며, 또한 정당·사회단체에는 남한의 17개 정당·사회단체와 북한의 9개가 참여하는 '남북 정당·사회단체 대표자 연석회의'를 4월 14일 평양에서 개최하자고 제안했다. 북한의 이러한 제안에 대해 좌익은 물론 중도파도 지지 의사를 밝혔다. 4월 7~10일까지 권태양과 안경근이 연락원으로 파견돼 북한의 김일성·김두봉 및 주영하 등을 만나 4월 14일 회담의 연기, 참가 인원 확대, 통일 문제 논의 등에 합의했다. 4월 14일 문화인 108명은 남북회담을 지지하는 성명을 발표했다. 연락원의 보고를 받은 뒤 김구는 남북연석회의의 참석을, 김규식은 다소 유보적인 입장을 내비쳤다.

1948년 4월 19일 평양 모란봉극장에서는 '남북조선제정당사회단체

대표자연석회의'가 열렸다. 김두봉의 사회로 열린 이날 오전의 예비회담과 오후 6시에 열린 회의에는 아직 도착하지 못한 김구·김규식 등을 제외하고 남북의 46개 단체 대표 545명이 참가했다. 4월 19일 김구는 만류하던 사람들의 반대를 뿌리치고 "이번 길(북행)에 실패가 있다면 그것은 전민족의 실패일 것이오. 성공이 있다 하여도 그것은 전민족의 성공일 것이다"라며 38도선을 넘었고, 김규식 4월 20일 김구의 뒤를 따라 38도선을 넘었다. 북행에 앞서 김규식은 남북협상의 5원칙으로 '독재정치 배격하고 민주주의 국가 건립, 독점자본주의 배격하고 사유재산제도를 승인하는 국가 건립, 전국적 총선거를 통한 통일정부 수립, 외국에 군사기지 제공하지 말 것, 미소양군 철퇴조건 및 기일을 협정 공포' 등을 제시했다.

김구·김규식의 북행 소식이 알려지자 4월 20일 회의는 하루 연기됐다. 4월 21일 다시 열린 회의에서는 김일성과 백남운의 남북정세보고, 22일에는 정세보고에 대한 토론이 이어졌다. 이날 평양에 도착한 김구·조소앙·조완구·홍명희 등은 주석단에 선출됐다. 김구는 이날 회의에서 "조국이 없으면 민족이 없고 민족이 없으면 무슨 당, 무슨 주의, 무슨 단체는 존재할 수 있겠습니까?"라는 요지의 축사를 한 뒤 퇴장하고 김규식은 병을 핑계로 회의에 참석하지 않았다.

23일 회의에서는 〈조선정치정세에 관한 결정서〉를 채택하고, 오후에 남한 단독선거 반대투쟁에 대한 대책을 보고한 뒤 '남조선단독선거반대투쟁전국위원회'를 조직하고, 〈전조선동포에게 격함〉과 〈미소양국에 보내는 요청서〉를 채택했다.

남북연석회의가 끝난 4월 26일과 30일 '4김(김구·김규식·김두봉·김

38선에서의 김구 남북연석회의를 위해 북으로 가던 중 38선 앞에 선 김구. 좌측부터 김구의 비서인 선우진, 김구, 김구의 아들 김신.

남북연석회의에서 축사를 하고 있는 김구 김구는 여기에서 "조국이 없으면 민족이 없고 민족이 없으면 무슨 당, 무슨 주의, 무슨 단체는 존재할 수 있겠습니까?"라는 요지의 축사를 했다.

일성)회담'이 열렸고, 동시에 남북 지도자 15인으로 구성된 '남북지도 자협의회'가 운영되어 4월 30일 '남북조선 정당·사회단체 지도자협 의회' 명의의 〈남북조선제정당사회단체공동성명서〉를 발표했다. 이 성명서에는 '미·소 양군 철수, 내전 방지, 미·소 양군 철수 후 전조선 정치회의를 소집 및 민주주의 임시정부 수립과 입법기관 선거 실시 및 통일적 민주정부 수립, 남한만의 단독선거 반대' 등이 포함됐다.

5월 2일 남북지도자협의회에 참여했던 인사들이 대동강 쑥섬에 모 여 경축연을 가졌다. 5월 4일 남측의 대표들은 특별열차를 타고 남하 했으나 김구·김규식 일행은 자동차로 38선을 넘어 5월 5일 서울에 도 착한 뒤 다음날 공동성명을 발표했다. 이 성명에서 김구·김규식은 남 북연석회의가 "조국의 위기를 극복하며 민족의 생존을 위하여는 우 리 민족도 세계의 어느 우수한 민족과 같이 주의와 당파를 초월하여 서 단결할 수 있다는 것을 또 한 번 행동으로서 증명한 것"으로 평가 했다. 김구는 "모든 것이 첫술에 배부르랴"는 소감을 밝혔고, 김규식 또한 "생각했던 것 이상의 성과가 있었다"고 자평했다.

그러나 김구·김규식의 소감과는 달리 남북은 이미 분열의 길로 나 가고 있었다. 좌익 및 중도파의 반발과 불참에도 남한만의 5·10선거 는 예정대로 치러졌고, 얼마 지나지 않아 북한 또한 정권 수립을 위한 준비에 박차를 가했다. 북한은 정권의 수립을 위해 다시 2차 남북연 석회의를 제안했으나 김구·김규식은 응하지 않았다. 그 때문에 6월 29일부터 7월 5일까지 개최된 2차 남북연석회의는 김구·김규식을 배 제한 채 열렸다. 이후 남북은 8월 15일과 9월 9일 서울과 평양에 각각 정권을 수립했다. 분단의 과정에서 조국의 독립과 통일을 외치던 인물들은 점차 설 자리를 잃어갔다.

1948년 4월 평양에서 열린 남북연석회의는 분단을 극복하기 위한 우리 민족 스스로의 노력이었다. 북한 정권의 수립에 이용됐다는 부정적인 평가가 있으나 적어도 2000년 6월 남북정상회담이 열리기 전까지 남북의 지도자들이 모여 분단에 반대하고 통일을 위해 노력한 회의였고, 이후 전개된 통일운동의 출발점이었다는 의의가 있을 것이다.

4·3사건

1948년 4월 3일 새벽 2시 전후 제주도 한라산 중산간 오름(봉우리)에는 봉화가 피어올랐다. 동시에 제주도 각지에서는 경찰서를 비롯해 관공서와 우익청년단체 사무소 및 우익 인사들의 집이 좌익 무장대의 습격을 받았다. 이로부터 시작된 4·3사건은 1954년 9월 21일 한라산 금족 구역이 해제될 때까지 계속됐다. 해방 직후 제주도는 어떤 상황이었기에 많은 사람들이 한라산으로 들어가 목숨을 걸고 투쟁에 나섰을까? 왜 군경은 진압 과정에서 국민들을 대상으로 국제법상 비인간적이라는 이유로 금지된 '초토화 작전'을 실행했을까? 그리고 4·3사건이 좁게는 제주도에, 넓게는 한국 사회에 무엇을 남겼을까.

일제강점기 말 일제는 제주도를 연합국의 일본 상륙에 대비해 최후까지 항전하는 이른바 '옥쇄玉碎' 지역으로 상정하고 섬 전체를 요새로 만들었다. 1945년 초부터 일제는 제주도에 각종 군사기지를 만들고 제주도에 6만여 명의 일본군이 주둔했다. 그로 인해 동원된 제주도민들의 고통은 날로 심해졌던 까닭에, 해방 이후 제주도에서는 '친일파 청산'의 분위가 높았다.

1945년 8월 15일 해방이 되자 제주도에서는 건국운동이 활발히 전개됐다. 9월 10일 항일운동을 했던 장년층을 중심으로 제주도 건국준비위원회가 만들어져 9월 22일 인민위원회로 개편됐다. 제주도 인민위원회는 치안 유지를 중심으로 중요한 행정업무 및 학교 설립 등 다양한 활동을 전개했다. 제주도 인민위원회는 적어도 1947년 3·1절 발포사건이 일어나기 전까지 대중성을 가지고 온건함과 독자성을 견지하며, 육지의 다른 지역들과는 달리 미군정과 협력관계를 유지했다.

1945년 10월부터 제주도에 주둔한 미군정은 친일 관리와 경찰들을 대거 등용했다. 특히 제주도에서의 군정 관리와 모리배의 결탁 및 무리한 식량 공출 등은 제주도민들의 불만을 증폭시켰다. 1946년 8월 1일 미군정은 '제주도濟州島'를 전남에서 분리시켜 '제주도濟州道'로 승격시켰다. 뒤이어 행정기구의 확대 개편, 경찰의 확대, 국방경비대(제9연대)* 창설 등이 이어졌다.

1947년 3월 1일 제주북국민학교에는 제주도가 생긴 이래 최대 인원인 약 3만여 명의 제주도민들이 모여 3·1절을 기념하며 즉각적인 독립국가 건설을 외쳤다. 그런데 이보다 일주일 전인 2월 23일 제주도에는 육지의 응원경찰대 100명이 파견됐다. 이날 시위행렬이 관덕정 광장을 벗어날 무렵 기마경찰의 말굽에 아이가 채이는 사고가 발생했다. 기마경찰이 모른 채 지나가자 주변의 주민들이 항의하며 쫓아갔고 뒤이어 경찰이 발포하기 시작했다. 이 발포로 인해 6명이 사

국방경비대
육군의 모체다. 1946년 1월 미군정은 뱀부계획Bamboo Plan에 따라 각도에 1개 연대씩 창설했다. 1946년 1월 15일 경기도 양주 노해면(태능. 현 육사)에서 제1연대를 시작으로 총 8개 연대가 창설됐고, 같은 해 8월 1일 제주도가 분도되자 제9연대를 창설됐다. 이후 1948년 5월 1일과 4일에 제10연대부터 15연대까지 추가로 창설됐다. 명칭은 남조선국방경비대, 조선경비대 등 다양했다. 조직은 조선경비대총사령부가 있었고, 상급기관으로 국방부의 전신인 통위부가 있었다. 애초 미군정은 경찰을 보조하는 '경찰예비대'로 창설했으나 1947년 하반기부터 군대로 변화시켰다. 1948년 11월 30일 국군조직법이 통과되자 육군으로 정식 편입됐다.

망하고 6명이 중상을 입었다. 이 사건을 접한 남로당 제주도당은 항의의 표시로 3월 10일을 기해 민관 합동 총파업을 진행했다. 이날의 파업투쟁은 모슬포·중문·애월 등 제주 전역에서 벌어졌으며 여기에 제주 출신 경찰까지 동참했다.

그 결과 파업을 주도했던 남로당 제주도당의 간부진은 대거 구속되고 제주도의 정세는 이전과는 정반대로 바뀌었다. 육지로부터 응원경찰과 극우 청년단체인 서북청년회가 새로 제주도로 들어왔다. 서북청년회는 제주도 전역을 다니며 제주도민들을 괴롭히는 등 많은 문제를 야기시켰다. 그리하여 그동안 쌓인 민중들의 불만과 5·10선거, 그리고 제주도에서의 '2·7구국투쟁'과 뒤이은 경찰의 연행 및 고문치사 사건(3건) 발생 등의 여러 가지 이유 때문에 남로당 제주도당은 1948년 4월 3일을 기해 단독선거에 반대하는 무력항쟁을 시작했다.

4·3사건이 발생하자 경찰은 즉각 무력진압에 나섰으나 제주도 주둔 국방경비대 제9연대는 그렇지 않았다. 4월 3일 봉기에 관한 정보를 수집한 제9연대장 김익렬 중령은 홀로 한라산으로 찾아가 4월 28일 유격대 지도자 김달삼(본명은 이승진)과 평화 협상을 벌였다. 두 사람은 협상 끝에 72시간 내에 전투중지 및 5일 이후 전투행위는 배신행위로 규정, 무장해제는 점차적으로 하되 약속위반하면 즉각 전투재개, 무장해제와 하산이 이루어지면 주모자의 신병 보장' 등에 합의했다. 그러나 이 약속은 이미 조기진압을 계획하고 있던 미군정의 방침, 5월 1일 우익 청년단에 의해 저질러진 '오라리 방화 사건'과 5월 3일 경찰의 발포 등으로 물거품이 됐다. 김익렬은 5월 2일 방화 사건의 주모자를 체포했으나 후임 연대장 박진경이 부임한 뒤 풀려나 경찰에

투신했다.

미군정은 5월 6일 진압에 미온적이던 김익렬을 해임하고 박진경 중령을 연대장에 임명했다. 뒤이어 5월 11일 육지로부터 제11연대를 파견했다. 제9연대장과 제11연대장을 겸직한 박진경 중령은 미군정의 방침대로 군대를 동원하여 강력한 진압작전을 벌였다. 이에 대한 반발은 군 내부로부터 터져 나왔다. 5월 20일 9연대 사병 41명이 무장한 채 탈영해 입산한 데 이어 6월 18일 군대의 진압작전을 지휘하던 제9연대장 박진경 대령(6월 1일 진급)이 부하들에 의해 암살당했다. 이를 계기로 전군에서 좌익계 사병들을 숙청하는 '숙군肅軍'이 진행됐다.

1948년 5월 10일 예정된 선거를 앞두고 제주도는 긴장감이 높아졌다. 선거인 등록률이 전국 평균 91.7퍼센트인데 비해 제주도는 64.9퍼센트에 불과했다. 4월 중순 이후 제주도에서는 선거사무소 습격 및 선거관리위원들이 피살되는 사건이 발생하고, 5월 5일경부터 좌익 무장대는 단독선거를 거부하는 방법으로 주민들을 산으로 올려 보냈다. 그 결과 제주도는 일부 지역을 제외한 대부분의 지역에서 선거를 제대로 치르지 못했다. 미군정은 5월 24일부로 제주도의 당선자를 무효로 하며 6월 23일 재선거를 실시한다는 포고를 발표했으나 이후로도 제주도는 재선거를 치를 수 없었다.

한동안 소강상태였던 제주도의 상황은 10월 이후 악화됐다. 대한민국 정부 수립 후 제주도에 대한 강경진압을 예고하는 조치가 취해졌다. 10월 11일 제주도경비사령부가 창설되고, 11월 17일 법령(계엄법은 1949년 국회 통과)조차 없던 '계엄령'이 선포됐다. 또 10월 18일부터 제주도 해안이 봉쇄되고, 미약하나마 제주도의 상황을 알리던 언론에

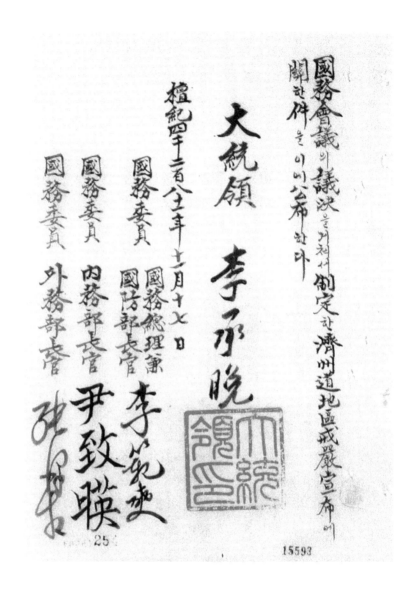

국務會議의 議決을 거처서 制定한 濟州道地區戒嚴宣布에
關한 件을 이에 公布하다

大統領 李承晚

檀紀四千二百八十一年 十二月十七日

國務總理 兼 國防部長官 李範奭

內務部長官 尹致暎

外務部長官

國務委員

國務委員

國務委員

15593

제주도 계엄령 선포 1948년 11월 17일 이승만 대통령을 국무회의 의결을 거쳐 제주도 지역에 계엄령을 선포했다. 계엄법이 1949년 11월 23일 제정, 공포됐기 때문에 법적 구성요건부터 문제가 있었다. 계엄령이 선포된 기간 동안 도내 곳곳에서 대규모 민간인 학살이 자행됐다.

여순 사건 여수 시내에서 호송되는 반군 포로들. 제주도 4·3사건을 진압하라는 명령을 받은 여수 14연대는 이를 거부하고 봉기했다. 이후 여수를 거쳐 순천을 점령한 반군은 정부군의 진압에 가로막히자 지리산과 광양의 백운산 등지로 들어가 빨치산 투쟁을 시작했다. 처음 봉기는 제14연대 인사계 지창수 상사가 선동했으나, 여수 시내에서부터 김지회 중위, 순천에서는 홍순석 중위가 합류해 반군을 이끌었다.

대해 정부의 통제가 가해졌다.

한편, 강경진압을 위해 제주도 파병이 예정된 전남 여수 주둔 제14연대 병사들이 '제주도 파병 반대!'를 외치며 10월 19일 봉기했다. 이 사건은 커다란 파장을 가져왔다. 순식간에 전남 동부 지역이 대한민국에 반대하는 대열에 합류했다. 대한민국 정부와 주한미군사고문단은 강력한 진압 작전을 전개해 일주일 만에 반군에 점령된 지역을 탈환했으나 반군이 주축이 되어 지리산과 백운산 등지에서 유격 투쟁이 시작됐다.

정부와 주한미군고문단은 1948년 11월 중순부터 다음해 2월까지 '초토화 작전'을 전개했다. 한라산 중산간 지대의 마을이 군경에 의해 불태워져 사라지고 남녀노소 가리지 않는 민간인 학살이 자행됐다. 그리고 전과를 채우려는 무리한 진압이 전개됐다. 가족들을 대신 죽이는 '대살代殺', 자수자를 죽이는 '자수 사건', '함정 토벌' 등 갖가지 민간인 학살이 자행됐다.

1949년 3월 2일에는 제주도지구전투사령부가 창설됐는데, 여기에는 군대뿐 아니라 경찰과 서북청년회 등 우익청년단체가 포함됐다. 이미 강경진압으로 인해 한라산에 머물던 좌익 무장대는 궤멸상태에 이르렀음에도 이전의 경비사령부보다 상급체계인 전투사령부를 설치한 까닭은 5월 10일 치러질 제주도의 재선거 때문이었다. 이때의 진압은 3월 말까지 제2연대장 함병선의 주도로 한라산에 남아있던 좌익무장대에 대한 '섬멸전'으로 전개되고 이후로는 선무공작을 주로 하는 진압작전이 전개됐다. 5월 10일 재선거는 예정대로 치러져 홍순녕과 양병직이 제주도 국회의원으로 당선됐다. 계속된 강경 진압으로

제주비행장에 도착한 미군정 수뇌부

1948년 중산간지대로 피신한 주민들

4·3사건 당시 체포된 제주 주민들

4·3사건 4·3사건은 여러 면에서 커다란 후유증을 남겼다. 공권력의 남용으로 인해 수많은 사상자가 발생했고, 한국전쟁 직후 자행된 예비검속과 보도연맹 및 형무소 학살에 따라 다수의 희생자가 나왔으며, 극적으로 살아남은 생존자는 연좌제 사슬에 묶여 각종 사회활동에서 제약을 받았다. 수십 년 동안 제주도 사람들은 '반역자'였고, 제주도는 '반란의 섬'이 되었다.

4·3사건 당시 심문을 받기 위해 대기 중인 수용자들

한라산에 있던 좌익 무장대는 거의 와해됐다. 4월 중순경에는 무장대 간부급들이 사살되거나 생포되었고, 6월 7일에는 1948년 8월 월북한 김달삼을 대신해 유격대를 이끌던 이덕구가 경찰에 의해 사살됐다.

4·3사건이 진정국면에 접어들자 제주도 주둔 부대가 교체됐다. 그런데 제주도에 새로 주둔한 독립대대는 '함정 토벌'을, 해병대는 한국전쟁기 '예비검속' 및 '인민군환영준비위원회사건'을 조작해 제주도의 유지들을 고문하는 등 많은 사건을 야기시켰다.

1950년 6월 25일 한국전쟁이 발발하자 제주도는 새로운 사건과 마주했다. 한라산에서 하루하루 간신히 목숨을 부지하던 좌익 무장대는 북한의 인민군이 제주도에 상륙할 것이라는 희망에서 서귀포발전소를 전소시키는 등의 활동을 전개했다. 그러나 뒤이은 군경의 토벌 작전에 의해 거의 궤멸됐다. 한라산에 남아 있던 무장대는 1957년 4월 2일 오원권이 체포됨으로써 끝이 났다.

한국전쟁은 제주도에 죽음과 공포를 남겼다. 1950년 6월 25일 치안국장 명의의 전화통지문이 내려지고 7월 8일 계엄령이 선포됨에 따라 계엄사령관의 주관 아래 예비검속이 실시됐다. 6월 말부터 8월 초까지 광범위한 예비검속이 실시되고 학살이 뒤따랐다. 경찰 공문서에는 820명, 미국 대사관의 보고서에는 700명으로 보고됐으며, 예비검속자들에 대한 학살은 1950년 9월이 돼서야 중지됐다. 또 1950년 8월에는 제주도의 법원장·검사장·제주읍장 및 변호사·사업가·교육자 등 유지급 인사 16명이 '인민군환영준비위원회'를 결성했다는 혐의로 연행돼 학살당한 '유지 사건'이 발생했는데, 이 사건은 계엄사령부 신인철 대위가 조작한 사건으로 밝혀졌다.

4·3사건은 여러 가지 면에서 많은 후유증을 남겼다. 무엇보다 공권력의 남용으로 인해 수많은 사람들이 죽었다. '제주4·3사건 진상규명 및 희생자명예회복위원회'에서 2003년 발간한 〈제주4·3사건 진상조사보고서〉에서는 사망자만 총 2만 5,000~3만 명으로 추정했다. 이 중에는 좌익 무장대에 의해 저질러진 군인과 경찰 및 우익 인사들의 희생도 있지만 대다수는 군경의 진압 및 우익단체의 테러에 의해 희생된 민간인들이었다.

4·3사건 당시 다행스럽게 학살을 비껴간 사람들도 한국전쟁 직후 저질러진 예비검속과 국민보도연맹 및 형무소 학살 등으로 인해 희생됐다. 극적으로 살아남은 사람들은 연좌제 사슬에 묶여 각종 사회활동을 제약받았다. 당시까지 사람들이 살고 있던 많은 마을들은 초토화 작전의 결과 불태워져 흔적조차 찾을 수 없는 '잃어버린 마을'이 됐다. 제주도 사람들은 '반역자'가 됐으며 제주도는 '반란의 섬'이라는 불명예를 수십 년 동안 감내해야 했다. 뒤늦게나마 국가가 나서 4·3사건의 진실을 밝히고자 노력해, 지금은 고인이 된 전직 대통령들(김대중, 노무현)이 국가의 잘못을 사죄했다. 이제 제주도는 '평화의 섬'으로 거듭나고 있다. 수십 년의 아픔이 하루아침에 없어질 수는 없겠지만 다시는 이 같은 불행한 일이 일어나지 않기 위해 노력해야 할 것이다.

－노영기

1948년 5월 총선거 실시로 제헌국회가 구성되었다. 제헌국회는 7월 17일 "대한민국은 민주공화국이며, 대한민국의 주권은 국민에게 있고 모든 권력은 국민으로부터 나온다"는 사실을 천명하는 헌법을 제정, 공포했다. 대한민국 정부는 비록 남한만의 단독정부로 불완전하지만 자주독립국가로 근대국가의 틀을 마련해 나가야 했다. 국회에서 간접선거로 선출된 이승만 대통령은 국무총리를 비롯한 각부 장관들을 임명, 친이승만 내각을 구성했다. 신생국가는 식민유산, 친일파 청산이라는 시대적·역사적 과제 해결 외에도 농지개혁, 귀속재산 불하 등을 통한 자주적인 사회경제 구조를 확립해 나가야 했다. 그러나 제2대 국회의원 선거인 5·30선거 결과에서도 나타났듯이 이승만 정권의 출범은 순조롭지만은 않았다.

이승만 정권의
불안한 출발

5·10총선거와
제헌헌법

5·10총선거

해방공간에서 한반도의 임시정부 수립을 지원하기 위해 추진되었던 미소공동위원회(이하 미소공위)의 결렬은 남북한의 문제가 미소 합의에 의해 원만하게 해결되기가 쉽지 않음을 보여주는 것이었다. 미국은 미소공위가 교착상태에 빠지자 1947년 9월 한반도 문제를 유엔에 이관했다. 1947년 11월 유엔총회는 한국 독립에 대해 '인구비례에 의한 총선거'를 가결했다. 그러나 소련이 이를 거부했다. 1948년 2월 유엔 소총회는 한반도의 가능한 지역에서의 총선거안을 가결했다. 그해 3월 미군정은 북위 38도선 이남만의 총선거 실시를 발표하고, 5월 10일 제헌의원 선출을 위한 선거를 실시했다. 5·10총선거는 유엔의 감시 하에 한국에서 실시된 최초의 보통선거였으며 신생독립국가 건설을 위한 민주적 절차의 실행이라는 점에서 의의를 가진다. 그러나 총선거는 남한만의 단독 선거라는 점에서 분단국가의 시작을 기정사실화하는 것이기도 했다.

한편 5·10총선거는 좌익세력의 단독선거 반대투쟁과 김구, 김규식

5·10총선거 투표장 5·10총선거는 유엔의 감시 하에 한국에서 실시된 최초의 보통선거였다. 높은 문맹률로 인해 후보자를 아라비아숫자가 아닌 막대기 숫자로 표시했다.

의 남북협상세력의 불참에도 4·3사건으로 무효화된 북제주군 2개 선거구를 제외한 남한 전 지역에서 진행되었다. 5·10선거는 유권자가 투표 전에 직접 선거인 등록을 해야 투표할 수 있었다. 유엔위원단의 보고에 따르면 선거는 대략 유권자의 70퍼센트 이상이 등록한 가운데 95.5퍼센트의 투표율을 나타낸 것으로 집계됐다. 이와 같은 높은 투표율은 행정부와 경찰, 청년단체들의 강력한 개입, 처음 치르는 선거에 대한 낯설음 등에도 국가 수립에 대한 높은 열망과 기대를 반영한 결과라고 할 수 있다.

제헌헌법 공포

제헌국회는 5월 31일 첫 회의를 열어 헌법, 정부조직법을 비롯한 독립국가 형성에 필수적인 기본 제 법규를 제정했다. 7월 1일 국회에서는 국호를 대한민국으로 정하고 7월 17일 제헌헌법을 공포했다.

헌법 전문에서 대한민국은 3·1운동으로 건립한 대한민국임시정부의 법통을 계승하고 있음을 분명히 했다. 이와 함께 국민주권에 의거한 민주주의적 공화제 국가임을 공포했다. 헌법 제정 후 국회는 이승만을 초대 대통령으로, 이시영을 부통령으로 선출했다. 이후 초대 내각이 구성되었으며 8월 15일 대한민국 정부 수립이 선포되었다.

대한민국 제헌헌법 전문

유구한 역사와 전통에 빛나는 우리들 대한국민은 기미년 3·1운동으로 대한민국을 건립하여 세계에 선포한 위대한 독립정신을 계승하여 이제 민주독립국가를 재건함에 있어서 정의 인도와 동포애로써 민족의 단결을 공고히 하며 모든 사회적 폐습을 타파하고 민주주의 제諸 제도를 수립하여 정치, 경제, 사회, 문화의 모든 영역에 있어서 각인各人의 기회를 균등히 하고 능력을 최고도로 발휘케 하며 각인各人의 책임과 의무를 완수케 하여 안으로는 국민생활의 균등한 향상을 기期하고 밖으로는 항구적인 국제평화의 유지에 노력하여 우리들과 우리들의 자손의 안전과 자유와 행복을 영원히 확보할 것을 결의하고 우리들의 정당正當 또 자유로히 선거된 대표로서 구성된 국회에서 단기檀紀 4281년 7월 12일 이 헌법을 제정한다.

신생독립국 대한민국은 최초의 보통·평등·비밀·직접선거 실시를 통해 대내적으로 정당성을 확보하는 동시에 유엔이라는 국제기구의 승인을 통해 대외적으로 합법성을 획득하고자 했다. 그러나 대한민국은 '새로운 시대'를 열어가기 위해 해결해야 할 문제들이 산재해 있었다. 크게는 해방 이후 부과되었던 통일, 체제 및 이념 대립의 극복, 자주 독립국가의 건설이라는 시대적 과제와 작게는 단독정부 수립에 반대한 세력을 체제 안으로 포용해야 하는 국민통합의 과제를 안고 있었다. 그러나 대한민국정부 수립과 함께 형성된 이승만 정권은 한민당과의 균열을 비롯, 남한 내 정치세력과의 관계 등에 있어 취약함을 가지고 출발했다.

이러한 취약함을 극복하여 정권의 정통성을 확보하고 국민통합을 이루어내기 위해 이승만 정권은 친일파 청산 문제, 민족자립 경제 수립의 기초를 다져 줄 농지개혁 및 귀속재산 문제 등을 적극적으로 해결해야 했다. 그러나 초기 이승만 정권은 이러한 과제들의 해결에 미온적이었으며, 정치세력들 간의 대립과 갈등으로 개혁의 실효를 거두지 못했다.

한편 초기 이승만 정권의 취약성 및 불안 요소들은 사회 각 부분에 퍼져 있었으며 이러한 취약함이 현실로 드러난 것이 1948년 10월의 여순 사건이다. 이승만 정권은 지하활동을 하고 있는 좌익세력만이 아니라 국회를 중심으로 세력을 규합하고 있는 진보적 성향의 소장파 세력들과도 친일파 청산 문제와 농지개혁 및 귀속재산의 처리 문제, 그리고 외국군 철수 문제 등을 놓고 대립했다. 게다가 단선·단정 수립에 협조했던 한민당과도 헌법 제정 및 내각 구성 과정, 즉 권력 분배 과정에서 배제시키면서 갈등관계에 놓이는 등 이승만 정권의 출발은 순탄하지만은 않았다.

초대내각 구성

5·10선거로 구성된 제헌국회는 대통령중심제의 정부 형태를 내용으로 하는 법을 제정했다. 행정부 통솔권자인 대통령은 국회에서 선출하도록 했다. 그리고 대통령은 국회의 승인을 얻어야 하는 국무총리를 제외한 행정 각부의 장관들을 임명할 수 있는 권한을 가졌다.

이승만은 국회에서 간선間選으로 대통령에 선출되자 내각 구성에 들어갔다. 이대통령은 이화장에 조각 본부를 마련하고 각계 인사들에게 국무총리 및 국무위원에 대한 추천을 받기 시작했다. 그러나 내각 구성은 거의 전적으로 이대통령 개인에 의해 이루어졌다고 해도 과언

제헌국회 개원식 제헌국회는 '대한민국'을 국호로 정하고 정치 체제로는 대통령중심제를 채택했다. 7월 17일 제헌헌법을 공포한 데 이어 7월 20일에는 이승만을 대통령으로 선출했다.

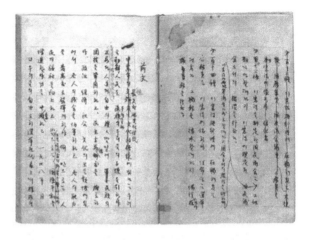

제헌헌법 초안 헌법학자 유진오
의 제헌헌법 친필 원고. 유진오와
행정연구회가 공동으로 마련한
헌법 초안(고려대학교 박물관 소장).

대한민국 헌법제정 작업이 완료된 후 기념 촬영, 이승만 국회의장, 신익희 부의장과 기초의원들 국회는 1948년 6월 3일 헌법 제정작업을 시
작해 30명의 헌법 기초위원을 선출하고 법조 전문가 10명을 전문위원으로 선임했다.

이 아닐 만큼 '그만'의 작업이었다. 당시 내각 구성의 가장 큰 관심사는 국무총리 인선이었다. 이대통령은 국무총리 인선에 대한 기자단과의 문답에서 "내각 구성에 있어 가장 중점을 두는 것은 안정성 있는 정부를 만드는 것이며, 1당 1파에 치중하지 않고 초당파적 인물을 총망라하여 초대 각료를 구성하겠다"는 내각 구성의 원칙을 밝혔다.

그리고 그는 국회에 참석하여 국무총리에 북한 출신이며 조만식이 당수로 있는 조선민주당의 부당수인 이윤영을 승인해 줄 것을 요구했다. 이윤영의 국무총리 승인 요구는 재석의원 193인 중 찬성 59, 반대 132, 기권 2로 부결되었다. 국회 내 지지세력이 없었던 이윤영은 한민당과 무소속의 동의를 얻는 데 실패했다. 국무총리 인선을 둘러싸고 이대통령과 국회는 대립했다.

그러나 정부 수립을 빠른 시간에 실현시켜야 한다는 분위기와 함께 두 번째의 이범석 국무총리 승인 요청 안을 국회는 찬성 110, 반대 84로 승인했다. 그러나 이 표차는 국회에 이범석 국무총리 승인 요구를 끝까지 반대하는 의원들이 적지 않았음을 보여주는 것이었다. 이대통령의 이범석 국무총리 인선의 이면에는 조선민족청년단 단장인 이범석을 국무총리로 임명해 국회에서 한민당을 견제하고자 하는 의도가 있었다.

국무총리 인준이 끝나자 이대통령은 각부 장관 인선에 들어갔다. 8월 2일 재무부장관 김도연, 법무부장관 이인, 농림부장관 조봉암, 교통부장관 민희식의 임명을 처음으로 발표했다. 그리고 8월 3일 내무부장관 윤치영, 사회부장관 전진한, 문교부장관 안호상을 임명했고, 8월 4일에는 이범석을 국방부장관에 겸임시켰으며, 체신부장관 윤석

대한민국 초대 내각 포스터 대통령 이승만, 부통령 이시영, 국무총리 겸 국방부장관 이범석 등 초대 각료들의 사진과 약력이 실려 있다.

구, 상공부장관 임영신, 외무부장관 장택상의 임명을 발표했다. 이와 같이 하루에 다 발표하지 않고 편차를 두고 발표한 것은 내각 구성과 관련한 여론을 살피기 위한 것이기도 했다. 당시 이와 같은 내각 구성과 관련하여 항간에서는 토막토막 두부처럼 끊어서 발표했다고 '두부내각'이라고 부르기도 했다.

내각 구성이 완료되자 각료 인선에서 배제된 세력 특히 다수가 입각할 것으로 기대했던 한민당은 이대통령의 각부 장관 인선 과정 및 내각 자체에 대해 강하게 반발했다. 그러자 이대통령은 내각 구성에 불만을 가진 세력들을 무마하기 위해 내각을 구성하는 일원이지만 정부의 특정한 행정 업무를 담당하지는 않는 무임소장관직無任所長官職을 만들어 무임소장관에 이윤영, 지청천(이청천으로 불림), 김성수를 임명했다. 이윤영의 임명은 북한 피난민들의 비난에 대한 무마용이며, 지청천의 임명은 국회 내에서 무소속과 연합해 활동하고 있던 대동청년단세력을 무마시키기 위한 조치라고 할 수 있다. 그리고 김성수의 임명은 당시 한민당 세력에 대한 대응 조치였다.

이대통령이 내각을 구성할 때 중요시했던 것 중 첫 번째는 자신과 직·간접적으로 친밀한 관계를 유지한 인물들의 임명이었다. 대표적인 인물이 윤치영, 장택상, 임영신 등이다. 윤치영은 미국 유학 시절부터 이승만의 개인 비서로 활약했으며, 국회 내에서도 이승만의 추종자로 한민당이 이승만을 독재자라 표현한 것에 반발하여 한민당을 탈당할 정도로 이승만에 대한 충성도가 높은 인물이었다. 임영신 또한 이승만의 개인 비서 역할 및 미국에서 이승만과 외교 독립 활동을 전개한 인물이었다. 이외에도 한민당 출신의 김도연은 일제시기 이승만의 국내 연락책 역할을 담당했던 동지회계 인물이었다. 장택상, 민희식과 공보처장 김동성 또한 이승만과 친밀한 인물들이었다. 그리고 각료들과 이대통령은 수평적이기보다는 수직적 관계에 놓여 있었다. 즉 각료들 중 다수는 일제시기부터 이승만을 '선생님'이라고 지칭하며 추종했던 인물들이고, 이승만 또한 이들을 '자네', '군'이라 호칭하는 등 막역한 관계였다. 이와 같은 관계는 정책 수행에 있어 동등한 입장이나 지위를 유지하기보다는 일방적이며 나아가 순종적 분위기를 자연스럽게 만들어 낼 가능성이 있었다. 이것은 내각 장악력을 확보하기 위한 것이었다고 할 수 있다.

두 번째로 각료 인선 과정에서 이대통령의 한민당 배제가 강하게 드러났다는 점이다. 이대통령은 한민당원 출신의 장관으로 김도연, 이인, 장택상 등을 임명했으나 이인과 장택상은 당적黨籍만을 가지고 있었을 뿐 당에서 활동하지 않은 지 오래였으며 한민당원인 김도연도 이승만과의 개인적인 관계가 더 깊었던 인물이었다.

세 번째로 기본적으로 내각 구성에서 이대통령이 '크게' 고려한 것은 각 정파의 인물들을 고루 등용해 표면적이지만 폭넓은 기반 위에 정부가 수립되었음을 보여 주고자 했다는 점이다. 조선공산당 출신의 조봉암과 한국독립당 출신의 윤석구의 등용이 대표적이다. 이것은 당시 신생국가의 개혁성, 참신성과 결부된 문제였다. 즉 새롭게 탄생한 정부가 각종 정당, 사회단체, 좌익세력 및 단독정부 불참 세력들도 포용한 연합정권임을 보여주고자 한 것이라고 할 수 있다.

다른 한편 이대통령이 내각을 구성하며 중요시했던 것 중 하나는 대외적으로 국제 승인을 얻는 것이었다. 당시 유엔한국임시위원단은 한반도에 분단 정권을 수립했다는 오점을 남기지 않기 위해 총선에 참여한 유권자들의 자유의사를 강조하는 한편 정당성 확보를 위해 남북한 통일에 관심을 집중시키고 있었다. 그리고 이것을 신생 대한민국 정부에게 기대했다. 이대통령이 내각 구성에서 국제적 승인을 중시한 것은 유엔한국임시위원단의 기대, 미국 정책의 영향 등과 관련된 것이었다.

이승만은 분단정부의 대통령으로서 식민지 정권을 벗어난 신생 국가 건설의 정통성을 식민 잔재의 청산 등 국내 개혁보다는 국제기구의 승인과 같은 대외적 지지를 확보하는 데 중점을 두고 있었던 것이다. 그러므로 정부수립 불참세력 인물들의 등용은 대한민국 정부가 극우세력만으로 이루어진 정권이 아님을 보여주기 위한 것이었다.

초대 내각 구성의 완료 후 권력배분 과정에서 배제된 한민당은 자신들을 야당이라 지칭하며 이승만 정부에 대해 시시비비是是非非주의로 나갈 것을 선언했다. 한민당이 반이승만세력으로 대립·갈등관계에 놓이게 됨에 따라 신생국 건설 초기에 해결해야 할 정치·경제·사회 개혁의 문제들은 난항을 거듭했으며, 이는 초기 이승만 정권의 취약성을 가중시키는 결과로 이어졌다.

반민족행위특별조사위원회의 결성과 해산

일제 강점기를 벗어나 해방을 맞은 나라로서 가장 먼저 해결해야 할 민족적 과제 중 하나는 바로 식민 잔재 청산이었다. 그 중에도 민족정기를 바로 세우기 위한 작업인 친일파 청산은 민족적 요구가 강한 작업이었다. 그러나 미군이 주둔하고 있는 상황에서 이 문제는 정부 수립 이후로 미루어졌다.

대한민국 정부 수립 이후 1948년 9월 국회는 친일행위자를 처벌하기 위한 '반민족행위처벌법'(이하 반민법)을 재적의원 141인 중 찬성 103, 반대 6의 압도적인 지지를 받으며 통과시켰다. 이 법에 의거해 10월 국회 내에 '반민족행위특별조사위원회'(이하 반민특위)가 구성되었고, 법원과 검찰은 15인 특별재판관 및 9인의 특별검찰관으로 구성된 '반민족행위특별재판부'와 '반민족행위특별검찰부'를 설치했다. 그리고 1949년 1월 서울 및 각 도, 군에 조사부 책임자를 임명해 본격적인 반민특위 활동을 시작했다. 반민특위나 특별재판부의 구성원들은 3·1운동에 참여했거나 대한민국임시정부, 신간회 등에서 항일독립운동의 경험이 있는 인물들이었다.

반민법은 전문 3장 32조와 부칙으로 이루어져 있으며 제1장에서는 반민족행위자에 해당되는 범죄자를 규정했다. 그리고 제2장에서는 특별조사위원회 구성을, 제3장에서는 특별재판부의 구성과 절차를 규정했다. 반민법에 의거한 친일파의 정의와 이들에 대한 처벌 조항은 대략 다음과 같았다.

① 일본정부와 공모하여 한일합방에 적극 협조한 자나 주권의 침해를 규정한 조약에 모의 가담한 자로 이들에 대해서는 사형 또는 무기징역에 처한다. ② 일본정부로부터 작위를 받았거나 일본 제국의회의 의원이 된 자의 경우는 무기 또는 5년 이상의 징역에 처한다. ③ 일본

치하에서 독립운동가나 그 가족을 악의로 살상 박해한 자에 대해서는 사형 무기 또는 5년 이상의 징역에 처한다. ④ 작위를 받은 자나 중추원 참의 칙임관 이상의 총독부 관료, 악질 경찰, 친일단체의 책임자, 비행기나 군수품 공장의 책임자나 경영자에 대해서도 10년 이하의 징역에 처한다. ⑤ 부의회나 도의회 의원, 총독부의 자문 역할을 담당한 자도 같은 처벌을 한다. ⑥ 그밖에 문화, 사회, 종교 등에서 친일적인 활동을 전개한 자 등도 마찬가지의 처벌에 처한다는 등의 내용을 담았다.

이 법에 따라 친일파의 행위를 조사하기 위해 특별조사위원회와 특별재판부를 국회에 설치하기로 했다.

특별조사위원회는 중앙사무국을 설치, 조사관을 임명하고 지방에는 도지부를 설치함으로써 1948년 10월부터 본격적인 조사 활동을 시작했다. 그러나 특별조사위원회 활동은 소기의 성과를 거두지 못했다. 국민들의 친일파 청산의 요구는 강했지만 이승만 행정부, 경찰과 관료의 핵심층에는 여전히 일제 강점기의 경찰과 관료들이 그대로 남아 있었기 때문이었다. 이승만 정권의 전 각료 중 친일 경력을 가진 자는 30퍼센트 이상이었다. 그리고 이승만 정권의 물리적 성격을 띠는 기구인, 경찰, 군, 사법, 검찰기관의 경우는 각료들보다도 그 비율이 높았다.

반민특위 활동은 1949년 1월 6일 민족반역자의 명단을 작성하면서 본격적으로 시작되었으며, 일차로 반민특위 특별경찰대(이하 특경대)가 적극적 친일 기업인 박흥식을 검거했다. 반민특위 활동이 활발히 전개되자 이승만 행정부는 물론이고 친일 세력들의 반민특위에 대한 방해공작이 시작되었다. 이대통령 또한 '반민자 처단에 신중을 기하라'는 특별담화를 발표하며 반민법 제정 자체를 반대하는 태도를 보였다.

반민특위 활동 반민특위 조사부 위원들과 체포되는 반민족행위자들. 1949년 1월 8일 일제시대 반민족행위자를 처벌하기 위해 반민특위 활동을 시작했으며 박흥식, 이종형 등의 체포를 시작으로 활동을 전개시켜 나갔다.

이대통령은 친일 경찰이나 관료들을 적극적으로 활용하여 좌익세력을 약화시키며 자신의 권력을 공고히 해나가고 있었다. 나아가 반공과 자신의 권력 강화를 위해 비록 일제강점기 고등계 형사였다 해도 중용할 수 있다고 생각했다. 그래서 특경대가 노덕술과 최운하를 비롯한 친일 경찰 간부들을 체포하자 특위위원을 불러 이들을 석방하라고 압력을 가하는 등 특위에 대한 반대의 태도를 보였다. 그러나 특위가 이를 거부하자 이대통령은 "노덕술은 경찰의 공로자이니 즉시 석방할 것"을 국회에 요청했다. 이러한 요청이 반민특위에 의해 거절되자, 대통령은 1949년 2월 "반민특위 활동이 전국적으로 치안을 유지하는 데 지장을 초래하고 있으며, 신생국가의 국민통합에도 지장을 주고 있기 때문에 차후로 반민특위의 과도한 활동을 금지시킨다"고 발표했다.

친일세력 또한 반민특위가 이대통령의 압력에도 활동을 중단하지 않자 정부는 특위 위원들에 대한 협박과 중상모략, 관제데모와 테러, 감금 등의 방법으로 방해 활동을 펴기 시작했다. 첫 번째로 1949년 5월 중순경 반민법 제정에 적극적이었던 소장파 국회의원인 이문원李文源, 이구수李龜洙, 최태규崔泰奎 등 3인을 국가보안법 위반 혐의로 구속했고, 이후 3차에 걸쳐 소장파 국회의원과 반이승만 활동을 전개한 국회의원 15명을 남로당 간첩으로 구속했다. 이른바 '국회 프락치 사건'이 발생한 것이다. 두 번째로 우익단체를 동원한 관제데모를 전개했다. 대표적인 것이 5월 31일 탑골공원의 국민계몽회의 시위였다. 세 번째로 국회 프락치 사건과 함께 반민특위 활동을 약화시킨 결정적인 방해 활동은 1949년 6월 4일 특경대가 친일 경찰인 서울시경 사찰과장 최운하와 종로서 사찰주임 조응선 경위를 전격 구속하자 6월

6일 경찰들이 반민특위 사무실을 습격한 사건이었다. 국립경찰은 6월 6일 장경근 내무차관의 명령으로 특경대를 습격해 강제로 무장해제시킨 후 무기와 서류, 통신기구 등을 압수하고 특경대원 등 35명을 연행, 수감했다. 또한 지방 경찰도 반민특위 도지부 사무실을 습격하여 활동에 타격을 가했다.

이 사건을 계기로 반민특위는 사실상 와해되었다. 또한 반민법 공소시효가 1949년 8월 31일로 정해져 있었기 때문에 친일파를 청산하고 민족정기를 세우려고 했던 민족적 과제는 소득 없이 사실상 포기되었다.

농지개혁과 귀속재산 불하

해방과 대한민국 정부 수립 이후 자립경제 확립과 관련하여 사회·경제적으로 가장 관심이 집중되었던 것 중 하나는 토지개혁과 귀속재산 불하였다. 일제강점기 반봉건적인 토지 소유 관계의 개혁은 농민들의 가장 큰 열망 중 하나였다. 농민들의 토지개혁에 대한 요구는 1946년 북한의 토지개혁 실시 이후 더욱 강해졌다. 토지개혁은 농지 중심으로 진행되었으며, 입법화 및 실시 과정은 정부, 국회 내 한민당, 소장파 등 각 정치세력들의 상충된 이해관계로 인해 정치·경제 갈등의 중심에 놓여 있었다. 농지개혁은 정부에서 먼저 제기했다. 정부는 농림부를 통해 농지개혁 법안의 제정을 서둘렀다. 이대통령은 여러 차례의 발표를 통해 농지개혁에 대한 의지를 표명하며, 농지개혁법 기초위원회의 구성, 법안을 확정하고 공청회를 열면서 농지개혁을 준비해 나갔다.

농지개혁의 목표는 경작 농민이 직접 농지를 소유함으로써 농지 집중의 폐해, 소작권 이동에 대한 불안을 제거해 1농가 1기업체로서 농업을 경영할 수 있는 기본적인 권한을 주자는 것이었다. 농지개혁의 핵심 내용은 지주 보상의 정도, 농민상환액이었으며, 이것이 지주와 농민의 이해관계가 상충되는 부분이기도 했다. 지주 출신이 많았던 한민당의 방해 등으로 많이 지연되었지만 1950년 3월 '누더기'라고도 표현되는 농지개혁안이 확정되었다. 그러나 농지의 실질적인 분배는 한국전쟁으로 1951년에 가서야 이루어졌다.

국회에서 확정된 농지개혁 법안 중 농지에 대한 지주보상률은 5년간 15할로 결정되었다. 그리고 농민의 상환액도 5년 15할로 농민에 대한 배려가 있었다. 정부는 최종 법안이 확정된 이후 농지 분배를 서둘렀으며 1950년 3, 4월에 걸쳐 농지개혁법 시행령 및 동 시행 규칙을 제정하고 분배농지 일람표를 만들어 농민 확인 작업에 들어갔다.

농지개혁으로 분배된 면적은 58만 4,638정보(1정보=3,000평)였다. 이것은 1945년 소작지 144만 7,000정보의 40.4퍼센트에 지나지 않았다. 소작지 가운데 약 86만 정보가 분배에서 누락된 것이다. 농지개혁 이전에 이미 농지가 매각되었음을 알 수 있다. 국회에서 한민당이 농지개혁 법안을 지연시키는 동안 농지개혁을 꺼린 지주들이 사전에 소작농에게 대금을 받고 토지를 팔아넘긴 데서 나타난 현상이었다. 그럼에도 농지개혁은 토지소유 관계에 변화를 가지고 왔다. 농지개혁이

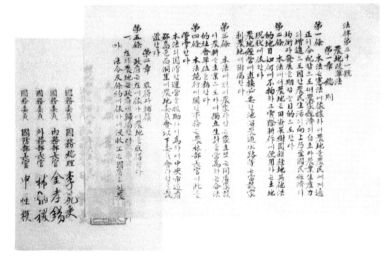

농지개혁법 법률 제31호로 제헌국회에서 제정되었으며 농민이 지불할 상환액과 지주에게 지급될 보상액을 둘러싼 갈등으로 1950년 3월 무렵에야 보상액과 상환액을 모두 평년작의 1.5배로 하는 수정안이 공포되었다.

일어나기 전인 1945년의 소작지 비율 63퍼센트, 순소작농 비율 48.9
퍼센트가 1960년의 소작지 비율 11.9퍼센트, 순소작농 비율 6.7퍼센
트로 변했다. 이와 같이 농지개혁은 반봉건적인 토지소유 관계를 해
체했다고 할 수 있다. 그러나 농지개혁 실시와 더불어 정부가 구상했
던 지주의 자본가로의 전환은 지가 보상을 받은 지주들이 지가 상환
시기를 놓치고 한국전쟁 발발로 지가증권의 가치 하락과 감가 양도가
이루어지면서 실패했다고 할 수 있다.

한편 식민지 경제구조를 청산하고 새로운 경제 안정과 자립경제 질서
를 세우는 데 농지개혁과 더불어 중요한 것이 귀속재산 불하였다. 귀속
재산은 일제가 1945년 8월 패망과 함께 남기고 간 것이다. 해방 당시 귀
속재산은 일본정부 및 산하 기관, 각종 사회단체, 법인 및 민간인 소유
또는 그들이 지배하고 있던 모든 종류의 재산, 즉 각종 토지 및 건물 등
의 부동산, 광산 기업체 등의 사업장, 각종 채권, 유가증권, 금, 은, 보석
등의 동산으로 이루어져 있었다. 그리고 자산 가치는 당시 남한 총 자산
의 80퍼센트 이상에 이르는 것으로 평가되었다. 해방 당시 남한에는 기
업체, 주택, 부동산 등 총 29만 4,167건의 귀속재산이 있었다. 미군정청
은 귀속재산의 일부를 군정청의 각 부서와 군정청의 미국인 관리를 고
문으로 임명해 그들의 관할 하에 운영했고, 일부는 해체했으며, 또 일부
는 미국인 고문의 재량에 의해 1947년부터 민간에 불하했다.

미군정청은 대한민국정부가 수립되기 전까지 513개의 기업체를 포
함해 모두 2,258건의 귀속재산을 불하하고, 나머지는 정부 수립과 더
불어 '대한민국 정부 및 미국 정부 간의 재정 및 재산에 관한 최초협
정' 제5조에 의거해 대한민국 정부에 이양했다. 1948년 말 현재 귀속

기업체가 전 기업에서 차지하는 비중을 보면 공장 수에 있어서는 21.6 퍼센트나 종업원 수에 있어서는 59.9퍼센트를 점했으며, 특히 종업원 30인 이상의 기업체를 대상으로 살펴보면 그 비율은 80퍼센트를 차지해 귀속기업체 대부분이 대규모였음을 알 수 있다.

귀속재산처리권을 둘러싼 각 정치세력 간의 알력으로 혼란이 계속되다가 정부는 1948년 12월 대통령령으로 임시관재총국을 설치했다. 그리고 1949년 12월 '귀속재산처리법'을 제정하고, 이어 1950년 3월 '동 시행령'과 '동 시행세칙'을 공포했다. 귀속재산처리법의 주 내용은 다음과 같다.

① 본 법은 귀속재산을 유효 적절히 처리함으로써 산업부흥과 국민경제의 안정을 기함을 목적으로 한다. ② 국유 또는 공유재산, 국영 또는 공영기업체로 지정되는 것을 제외한 외에는 대한민국의 국민 또는 법인에게 매각한다. ③ 그 방법으로는 귀속재산은 합법적이며 사상이 온건하고 운영능력이 있는 선량한 연고자, 종업원 등에게 우선적으로 매각한다. 만약 이것이 불능 또는 부적당하다고 인정될 때에는 일반 또는 지정공매에 불하하여 최고입찰자에게 매각한다. ④ 재산매각에 있어서 최고 15년의 기한으로 분할하여 대금을 납부할 수 있다.

이 법에서 논란이 되는 부분은 연고자 우선권 내용이었다. 정치권력의 개입이 공공연하게 이루어질 수 있는 길을 마련했기 때문이다. 당시 대부분의 귀속기업체가 실제로 권력과 유착하여 관리인에게 불하되거나, 수의계약을 통해 전혀 연고가 없는 사람들이 차지한 사례가 많았다. 그리고 이 법은 대금의 장기 분할 상환을 허용하고 있었기 때문에 물가 상승이 격심했던 당시로서는 대금 지불을 연기하면 할수록 이득을 보게 되어 있었다. 따라서 체납이 일반적이었다. 이와 더불어 특히 주목을 끄는 것은 이 법의 제18조에서 '귀속재산의 매각 가격은 그 재산의 매각계약 당시의 시가를 저하하지 못한다'라고 규정하고 있음에도 불구하고 거의 대부분이 정부 사정가격보다 훨씬 낮은 가격으로 불하되었다는 점이다.

본래 귀속재산 불하는 자유기업주의를 지향한 것이었으나 실제 불하는 정치권력과 밀착되어 있는 특정인에게 이루어지고 일반 공매에 의한 것은 몇 건에 지나지 않았다. 그리고 실제 가격에도 못 미치는 저렴한 가격, 극심한 인플레이션 상황에서 장기분할 납부 허용 등으로 거의 무상에 가까운 불하였다고 볼 수 있다. 뿐만 아니라 불하대금마저 특혜융자 등으로 자기자본 축적이 없는 상황에서 귀속재산 불하는 건전한 민족자본 형성이 아니라 재벌 형성의 최초의 중요한 물질적 토대가 되었다.

5·30총선거

이승만 정권은 1948년에서 1950년까지 극심한 인플레이션, 높은 물가 등으로 민생을 안정시킬 효과적인 경제 정책을 수행하지 못했다. 그리고 반민족행위자의 처벌 등 사회정의나 민족정기 바로 세우기에도 실패하고 귀속재산의 처리 과정에서도 부패가 만연해 사회·경제적 혼란이 가중되었다. 정치 분야에 있어서도 민국당(한민당의 후

신)과의 갈등이 완화되지 않고 국회에서 내각책임제 개헌안 문제를 놓고 첨예하게 대립하고 있었다. 이승만은 대한국민당(이하 국민당)을 통해 민국당이 제출한 내각책임제 개헌안을 부결시켰지만 자신의 정치 기반을 국회 내에 확고하게 다지지는 못한 상태였다. 이에 1950년 5월로 예정된 총선을 치안 문제 등의 이유를 내세워 12월로 연기하겠다는 뜻을 내비추기도 했으나 미국의 압력 등으로 실패했다. 제2대 국회의원 선거는 제헌국회와 이승만 정부의 정책에 대한 국민적 평가의 의미를 지니는 것이었기 때문에 이대통령은 이 선거를 연기해 자신의 정치 기반을 다질 시간을 벌고자 한 것으로 보인다.

1950년 5월 30일 실시된 제2대 국회의원 선거는 전국 투표율이 86퍼센트에 달했다. 선거에는 총 39개의 정당 및 사회단체가 참가했으며, 국회의원 입후보자는 총 2,209명으로 평균 경쟁률이 10.5대 1이었으며, 5·10선거에 참여하지 않았던 중도세력들도 출마했다.

선거운동 중 여당의 역할을 담당했던 국민당은 이대통령의 일민주의를 지지하고 대통령 직선제를 주장했다. 그리고 민국당은 내각책임제 개헌과 독재 배격을 주장하며 선거에 임했다. 선거는 신생정부 수립을 주도했던 국민당, 민국당 등 기존 정당후보의 대패와 무소속의 대거 진출이라는 결과를 가지고 왔다.

당선자들의 소속 정당을 살펴보면 무소속은 총 의석수 210석의 3분의 2에 가까운 126명이었고, 이대통령을 지지하는 정당 및 단체인 국민당, 국민회, 대한청년단 등은 각각 24, 14, 10석, 그리고 일민구락부 3, 대한노총 3, 대한여자국민당 1, 대한부인회 1, 대한불교위원회 1석으로 총 57석을 차지했다. 그리고 민국당 24, 사회당 2, 민족자주연맹

안재홍, 웨드마이어A. C. Wedemeyer와 함께 선 조소앙 1948년 10월
한독당 탈당 이후 조소앙은 안재홍 등과 함께 대한민국정부 수립을 긍
정하는 입장으로 선회한다. 1950년 5월 30일 제2대 국회의원 선거에
서울 성북구에서 출마해 조병옥의 극렬한 네거티브 공세를 이겨내고
국회의원으로 당선되었다.

이 1석을 차지했다. 이러한 선거 결과는 2년간의 이승만 정권 및 국민당, 민국당 등 기존 정치세력에 대한 비판이 담겨 있는 것이었다. 또한 제2대 국회의 총 210명 당선자 중 재선 국회의원은 31명에 불과했다. 나머지 179명이 초선이었다. 현역 국회의원의 높은 낙선 비율은 단독정부를 주도한 제헌국회와 기성정당에 대한 국민의 심판이기도 했다. 국회 내 다수를 차지하고 있는 무소속 의원들의 성향은 개원 직후 국회의장과 부의장 선거에서 정부 여당이 지원한 오하영 후보에게 거의 표를 던지지 않은 데서 볼 수 있듯이 반여당, 반이승만적이었다.

5·30총선의 또 다른 특징은 중간파, 남북협상에 참여했던 후보들이 압도적인 표차로 당선되었다는 점이다. 대한민국임시정부 외교부장과 한독당 부위원장을 지내고 단정을 거부하며 남북협상에 참여했던 조소앙의 경우 미군정시기 경무부장이었으며, 민국당의 중견으로 활약했던 조병옥과 서울 성북구 대결에서 3만 4,035표 대 1만 3,498표로 당선되었다. 이밖에도 안재홍, 원세훈, 장건상 등의 중간파와 남북협상파들도 평균 득표율보다 높은 표를 얻어 당선되었다.

이와 같이 5·30선거 결과는 정부 수립 이후 2년간의 이승만과 민국당으로 대표되는 대한민국정부 수립의 '일등공신'들의 부진한 성적표를 말해주는 것이었다. 그리고 5·30선거는 대한민국정부 수립과 함께 해결했어야 되는 역사적·시대적 과제였던 친일파 청산, 농지개혁 및 귀속재산 처리, 통일 문제 등에 대한 정부와 국회의 활동에 대한 국민들의 심판이었다고 할 수 있다.

–김수자

한국전쟁 이전 국제 사회는 미국과 소련을 양축으로 하는 동서 냉전구조가 세계 질서 재편 과정에서 하나의 전선처럼 형성되어 있었다. 그 중 한반도의 38도선은 남북한뿐만 아니라 극동의 자유 및 공산진영을 대변하는 미국과 소련의 힘이 직접적으로 맞서는 차 점단이 되었다. 분단 이후 국내 냉전은 더욱 고조되었고, 북한이 공산 통일을 위해 무력 남침을 강행함으로써 냉전이 열전으로 바뀌게 되었다. 따라서 한국전쟁은 국제적 미소 갈등과 민족 내부의 남북 갈등이 상호 상승 작용을 일으키면서 발생했고, 이러한 이중 적 고조로 인해 그 의미도 더욱 복잡한 양상을 띠게 되었다.

개전 이후 6개월 만에 전쟁의 양상은 낙동강에서 압록강까지 전 국토가 전쟁화될 만큼 치열해졌다. 전쟁이 경과하는 동안 전투 주체도 몇 차례 뒤바뀌어 점차 무서운 모습으 로 변신해 갔으며, 전쟁의 성격도 경과와 주체에 따라 민족 전쟁, 이념전쟁, 국제 전쟁 이라는 독특하고 복합적인 특징을 지니게 되었다.

한국전쟁의
전개 과정과 영향

전쟁의
형성 과정

미·소군의 철수

1947년 9월 26일 미소공동위원회(이하 미소공위)에서 소련 대표가 한반도에서 외국군을 동시철수시키자고 주장함에 따라 점령군 철수 문제가 공식적으로 제기되었다. 미국은 웨드마이어의 보고서를 기초로 한반도에 '부대나 기지를 유지할 전략적 이점이 없다'면서 한반도가 소련의 지배 아래 놓이지 않도록 한다는 것을 전제로 '악영향을 최소화하면서 가능한 빨리' 철수할 수 있는 해결 방안을 모색 중이었다.

소련이 제기한 외국군 철수 문제는 한국 문제가 미소공위에서 유엔으로 이관되면서 한반도에 통일정부를 수립하려는 논의에 포함되어 총회에서 격론이 벌어졌다. 미국은 1947년 10월 유엔한국임시위원단 설치 결의안을 통해 한국에 통일정부가 수립되면 모든 외국군은 철수한다는 제안을 내놓은 상태였다. 이에 대해 소련 대표들은 정부수립 이전에 철수할 것을 주장했다. 결국 미국은 한국정부를 지원하며 경제원조를 제공하고, 전면전이 아닌 외부의 침략에 대응할 수 있도록 미군철수 전에 경비대를 증강하되 철수는 1948년 8월 15일에 개시해

12월 31일까지 종료한다는 계획을 수립했다.

소련은 1948년 9월 북한정권의 외국군 철수 요구를 받아들이는 형식으로 12월 말까지 철군을 완료할 것이라 발표했고, 미국도 이에 상응하는 조치를 취할 것을 요청하면서 10월 19일부터 철수하기 시작했다. 그러나 주한미군의 철군이 시작될 무렵 여순 10·19사건이 발생해 남한의 정국은 지극히 불안한 상황에 처하게 되었다. 이에 이승만은 트루먼 미 대통령에게 한국군이 자위 능력을 확보할 때까지 미군의 철수를 유보해 달라고 요청했다. 그런 가운데 1948년 12월 12일 파리에서 열린 유엔총회에서는 '대한민국의 수립과 점령군의 철수 결의'를 통해 점령국들은 조속히 한국으로부터 점령군을 철수시키도록 결의했다.

이로써 미국은 유엔 결의 직후인 12월 25일 소련군 철수 완료가 발표되자 더 이상 미군을 한반도에 주둔시킬 명분을 확보하기 어려웠다. 결국 미국은 1949년 1월 15일 주한미군 제24군단을 해체하고 7,500여 명 규모의 1개 연대 전투단만 남겨 놓고 철수시켰다. 이 연대 전투단도 1949년 6월 30일 약 500명 규모의 군사고문단KMAG만을 잔류시킨 채 최종 철수를 완료했다.

38선 충돌과 빨치산 활동

38선을 둘러싼 남북한의 분쟁은 해방 직후 미·소군이 남북한을 분할점령하면서부터 잠재해 왔으나, 미·소군이 38선에 배치된 상황에서는 정치적인 의미를 띠지 않은 자연발생적인 양상이 일반적이었다. 그러나 소련군의 철수 직후인 1949년 초부터는 충돌이 다른 양상을 보이기 시작했다. 이승만은 38선을 냉전의 전초로서 부각시키려는 입장이었으며, 소련군의 철수가 곧 '실지 회복'의 가능성을 열어주는 것이라고 인식하고 있었다.

이러한 인식이 직간접적으로 38선에 전달되어 남한 군경이 전술상 유리한 고지를 차지하기 위해 38선 북쪽의 고지에 일부 진지를 편성하려 했기 때문에 남북 간에 충돌이 발생했다. 그러나 이때의 충돌은 북한이 적극적으로 대응하지 않고 있었기 때문에 대규모로 비화되지는 않았다.

충돌 양상이 대규모로 확대된 시기는 미군철수설이 보도된 직후인 1949년 5월부터였다. 5월 전투는 남한이 은파산·292고지 등 주요 고지를 장악하려는 데서 발화되었으나, 북한이 보복전의 일환으로 남한의 옹진 6개 리를 장악하면서 크게 격화되었다. 이때 북한은 경비대가 아닌 인민군까지 투입해 대응하는 적극성을 보였지만, 남한도 미군 철수 후 전력 강화의 명분을 얻기 위해 부분적으로는 위기를 조장한 측면도 있었다.

반면, 1949년 7~8월간 격화된 충돌 양상은 북한의 대규모 공세에서 야기되었다. 전투는 주로 38선 이북 고지에서 비롯되었으며, 이승만이 적극적으로 대응하도록 지시함으로써 격화되었다. 10월 북한의 공세로 다시 격화된 전투는 11월까지 지속되고 있었다. 1950년에 접어들어 양측은 충돌을 크게 자제하는 양상을 보였으나, 소규모 충돌과 포격전은 거의 매일 일상처럼 이어지고 있었다.

이처럼 38선 남북 충돌은 각 시기마다 양측의 정치적 의도가 내재된 것이었으며 또 통일론과도 일정한 관련 속에서 전개된 것이었다.

당시 남북정권은 무력통일 방안에 큰 관심을 기울이고 있었기 때문에 양측에 의해 발화·격화된 분쟁은 남북 갈등을 더욱 증폭시키는 계기가 되고 있었다.

한편 북한 빨치산들은 여순 사건 발생으로 토벌부대가 호남 및 경남 지역에 집중되어 후방 경비가 허술해지고 남한 사회가 혼란해지자 본격적으로 침투하기 시작했다. 빨치산의 활동은 38선에서의 군사 충돌과 정확히 배합된 것이었다. 빨치산들은 1948년 11월부터 1950년 3월까지 모두 10회에 걸쳐 2,400여 명이 침투했으나 국군과 경찰의 토벌 작전에 의해 2,000여 명이 사살 또는 생포되었다. 따라서 수치상으로는 400여 명의 빨치산만이 잔존한 것으로 나타났다.

빨치산의 활동으로 인해 한국군은 전방사단의 일부와 후방의 3개 사단 등 4개 사단 규모와 경찰 병력 일부를 토벌 작전에 투입시켜 대비정규전을 수행할 수밖에 없는 상황이었다. 결과적으로 한국군은 38도선의 방어력과 후방경계가 약화되었다. 당시 유엔한국임시위원단은 유엔 총회에서 점차 북한에서 파견하는 빨치산의 규모가 증가하고 있으며, 이에 따라 선전 공작도 크게 늘었다고 보고했다.

빨치산 전술은 전방 전선에서의 전투와 짝해 후방 지역에 제2전선을 형성해 적의 동원을 방해하는 등 전후방을 동시에 전장화함으로써 적의 전의를 상실시키는 것이었다. 빨치산 전술은 처음 의도했던 배합전술의 목표 달성에는 이르지 못했지만, 한국군의 전투력을 분산시킴으로써 남침 전략에는 크게 기여했다고 평가된다.

전쟁의
발발

한반도의 38도선은 이미 남북한뿐만 아니라 극동의 자유 및 공산진영을 포함해 미국과 소련의 힘이 직접적으로 맞선 최전선이 되었다. 해방 직후부터 세계질서 재편 과정에서 미·소를 양축으로 하는 동·서 냉전구조가 하나의 전선戰線처럼 형성되고 있었던 것이다.

국내의 냉전 기운은 1948년 남북 단독정부가 수립된 이후 더욱 고조되었고, 결국 북한 정권이 무력으로 남침함으로써 냉전은 '열전'으로 바뀌게 되었다. 전쟁 준비 과정에서 김일성 등 북한 지도부는 소련의 스탈린, 중국의 모택동과 긴밀하게 협의했고 장비와 인력 지원은 물론 전쟁 개시 동의까지 받아냈다. 따라서 이 전쟁은 국제적 미·소 갈등과 민족 내부의 남북 갈등이 상호 상승작용을 일으키면서 발생되었고, 바로 이러한 이중적 구조로 인해 그 성격도 더욱 복합적인 양상을 띠게 되었다.

북한은 남침 직후 평양방송을 통해, "인민군은 자위조치로써 반격을 가하여 정의의 전쟁을 시작했다"라고 남침 사실을 은폐하면서 선전포고를 발표했다. 이때 이승만 대통령은 신성모 국무총리 겸 국방장관으로부터 최초 전황을 보고 받고 곧 긴급명령 제1호 〈비상사태하의 범죄처단에 관한 특별조치령〉을 하달하는 등 필요한 조치를 강구했다. 그러나 상황을 제대로 파악하지 못해 계엄령이나 전시 체제로 전환하지는 않고 있었다.

북한군의 남침은 조국강토를 순식간에 피로 물들게 했고 병력과 장비 면에서 열세한 한국군은 각 지구에서 후퇴에 후퇴를 거듭하지 않을 수 없었다. 한국정부는 주한 미국대사 무초John Joseph Muccio(1900~1991)를 통해 시급히 필요한 탄약을 지원해 주도록 요청하고, 주미대사 장면으로 하여금 유엔에 지원을 호소하게 했다.

전쟁의 양상은 개전 6개월 만에 낙동강에서 압록강까지 전 국토가 전장화될 만큼 치열했다. 전쟁이 경과하는 동안 전투 주체도 몇 차례 뒤바뀌어 전쟁은 점차 무서운 양상으로 악화되어 갔으며, 자연 그 성격도 경과와 주체에 따라 '민족전쟁', '이념전쟁', '국제전쟁'이라는 독특하고 복잡한 특징을 지니게 되었다. 이러한 성격과 특징으로 인해 한국전쟁은 바야흐로 세계대전과 제한전쟁의 기로에 서게 되었고, 전쟁의 결과와 민족의 운명도 한민족 스스로가 통제할 수도 없는 국면으로 빠져들었다.

전쟁의 전개 과정

전쟁의 제1단계: 북한군 대 한국군의 전쟁 단계

한국전쟁은 북한군이 소련 고문단과 함께 작성한 작전 계획에 따라 남침함으로써 북한군 대 한국군의 전쟁으로 시작되었다. 북한의 선제 타격 작전 계획은 전투명령서, 부대이동 계획, 병참보급 계획, 기만

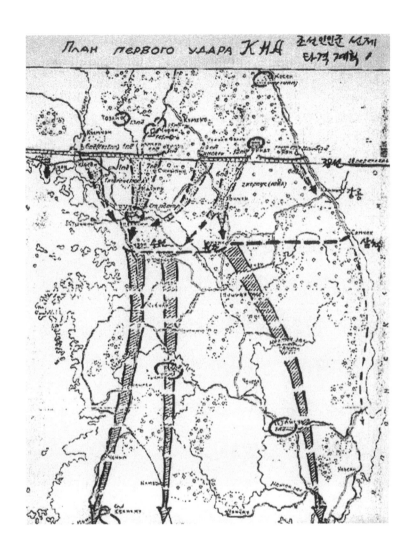

남침 선제타격 계획 지도 **38선** 아래 가는 점선은 1단계, 굵은 점선은 2단계 공격 방향을 가리킨다.

계획 등을 포함한 공격 계획으로, 3일 내에 서울 부근의 한국군 주력 부대를 포위 섬멸한 후 그 전과를 확대해 남해안까지 진출한다는 3단계로 수립되었다.

전쟁 시작 당시 북한은 기습 작전에서 큰 성과를 달성했다. 병력과 화력이 우세한 북한군은 기만전술 차원에서 제기된 평화공세에 힘입어 한국군을 기습하는 데 성공할 수 있었다. 북한군의 공격을 받은 한국군 전방 사단들은 사단장들이 불과 며칠 전 단행된 인사 이동으로 자리를 비우고 있었거나 전황조차 파악하지 못했기 때문에 기습상황에 효과적으로 대처하기 어려웠다. 한국군은 소련이 북한군에 공급해준 T-34탱크를 멈추게 할 무기를 가지고 있지도 않았고, 전투기도 보유하고 있지 못했다.

한국군은 북한군의 절반 수준인 취약한 전력으로 인해 기습의 충격을 흡수하지 못했고 결국 3일 만에 서울을 상실했다. 한국 측은 도강 수단도 없이 경황 중에 한강을 건너 방어선을 형성하고 가능한 빠른 시기에 반격한다는 막연한 목표로 북한군의 남진을 지연시키려고 했다.

한편 북한 측은 기습에 성공하고서도 서울에서 3일간이나 지체하고 있었다. 개전 직후 평양과 모스크바 사이에 오고간 전문 내용을 살펴보면 그러한 상황이 잘 나타나 있다. 즉 북한군이 황급하게 소련에게 추가적인 탄약과 보급을 요청한 것, 한국군 전력이나 방어태세를 지나치게 경시한 나머지 준비를 제대로 하지 않은 점, 그리고 작전 협조를 위한 지휘체계가 미흡했다는 점 등이 확인된다. 무엇보다 가장 큰 이유는 춘천 지역을 공격한 보조 공격부대들이 작전 계획보다 지

인민군 서울 입성 북한군의 서울 점령 이후 종로 화신백화점(지금의 종로타워 자리)에 걸린 김일성과 스탈린의 초상화.

연되어 수원 이남으로 진출하지 못하는 작전적인 차질을 빚음으로써 서울을 점령한 주력부대와 협조하지 못한 데 있었다. 여기에 더해 남로당의 대규모 봉기를 기대한 점, 그리고 한강 도강을 위한 장비가 부족했던 점, 서울 점령 이후 자축 분위기에 젖어 있었던 점 등도 부분적인 원인으로 작용했다.

전쟁 초기 한국 정부가 당면했던 가장 큰 문제 중의 하나는 민심의 동요를 막는 것이었다. 그러나 한국 정부는 사전에 비상 계획이나 철수 계획을 수립한 적도 없었고, 북한군을 맞아 그저 임기응변으로 대처하기에 급급했다. 정부 지도자와 관료들은 우왕좌왕하고 있었고, 서울 시민을 포함한 피난민들은 피난 보따리를 '매다 풀다' 반복하면서 초조한 시간을 보내고 있었다.

이 과정에서 점령 초기 미처 피난하지 못한 많은 우익 인사들이 체포되거나 인민재판을 받아 희생되었고 또 한때 좌익에 가담했던 국민보도연맹원들이 처형되기도 했다. 전쟁이 가져올 수 있는 모든 형태의 살인·방화·약탈 등은 확대보복과 무차별적인 연쇄반응을 가져왔으며, 민족 간의 이념전쟁이 얼마나 참혹할 수 있는가를 극렬하게 보여주었다.

한편 전쟁발발 직후 미국 정부는 주한 외국인을 철수시키고 즉각 한반도 사태를 유엔 안전보장이사회에 제기하는 한편 해·공군을 운용하도록 지시했다. 유엔 안보리는 6월 25일 공산군에게 무력 도발의 중지를 요청하는 결의안을, 6월 27일에는 한국에 대한 원조의 제공을 요구하는 결의안을 각각 채택했다.

유엔 안전보장이사회의 결의 1950년 6월 27일에 열린 유엔 안전보장이사회
상임회의에서 남한에 대한 미국의 군사지원안에 대해 거수표결하고 있다.

전쟁의 제2단계: 북한군 대 유엔군의 전쟁 단계

유엔은 한국군을 도와 북한군을 격퇴하고 한반도의 안전과 국제평화를 유지한다고 결의했고, 그 집단안전보장조치에 따라 유엔군 파병을 결정했다. 그리하여 미군 제24사단 선두부대인 스미스부대가 도착해 1950년 7월 4일 최초로 평택-제천-울진을 잇는 선에서 무질서하게 철수하고 있는 한국군과 연합전선을 형성했다.

이에 이승만 대통령은 유엔군이 유엔군사령관의 단일지휘 하에 대한민국을 지원하기 위한 공동노력을 기울이고 있는 점에 비추어 7월 14일에 한국군의 작전통제권을 유엔군사령관에게 이양하는 조치를 취했다. 이로써 한국군은 법적으로는 유엔군이 아니지만 실질적으로는 유엔군의 일원처럼 전쟁을 수행했다. 이제 전쟁은 북한군 대 유엔군의 전쟁으로 확대되었으며, 새로운 성격의 전쟁으로 변모되었다.

유엔군은 지연 작전을 펴면서 전력을 회복해 반격한다는 전략 방침을 정했다. 유엔군은 한강 방어선에서부터 낙동강 방어선까지 미군과 유엔군의 증원을 기대하면서 '시간을 벌기 위해 공간을 양보'하는 이른바 지연전을 수행했고, 이어 부산 교두보인 낙동강 방어선에서 사활을 건 방어전투를 치렀다. 그리하여 마침내 북한군의 공세를 방어하면서 전쟁의 주도권을 되찾는 데 성공했다. 이 시기에는 미국, 영국, 호주, 캐나다의 해·공군과 프랑스, 네덜란드, 뉴질랜드의 해군이 한국 작전 지역에 도착했고 미 지상군도 3개 사단 2개 연대 규모로 증강되었다.

북한군은 최초 속전속결로 남한을 공산통일한다는 전쟁 목표를 수립했으나, 유엔군의 참전으로 상대적인 전력의 우위를 상실했는가 하

낙동강 전투 낙동강 전선에서 북한군과 교전 중인 국군.
유엔군은 지연 작전을 펴면서 전력을 회복한다는 방침
아래 부산 교두보인 낙동강 방어선에서 사활을 건 방어
전투를 치렀고, 결국 북한군의 공세를 방어하면서 전쟁
의 주도권을 되찾는 데 성공했다.

면 병력과 물자 등 전쟁 지원이 적절히 뒤따르지 못해 공격 역량도 상실할 수밖에 없었다. 이 시기 북한은 남한 점령지에 인민위원회를 재건해 소위 민주개혁을 강제하고 주민들을 전시동원 체제 하에 편입시켰다. 이 과정에서 피난하지 못한 많은 양민들이 공산주의 교육, 납치, 강제 징집, 군수물자 지원 및 수송에 시달려야 했고 또 많은 사람들이 그들의 학정에 항거하다가 희생되었다. 이념 전쟁의 잔학함은 그들이 남기고 간 참상이 실증해 주었다.

북한군은 제공권과 제해권을 상실한 상황에서 점차 공격력이 무디어졌으며, 또 밤낮으로 계속되는 전투로 피해가 가중되고 있었다. 이처럼 북한군이 공세 한계점을 보이고 있을 무렵인 50년 8월 4일 소련이 갑자기 외국군 철수를 골자로 한 정전안을 제의했다. 원래 유엔안보리에 불참했던 소련은 8월 1일 의장직을 수행하게 되자 유엔에 복귀했고, 또 한국 문제를 해결하기 위해 남북 대표들을 유엔에 초청하자고 주장했던 것이다. 소련의 정전 제의에 대해 영국과 인도는 대체로 호의적이었으나, 미국이 북한정권의 완전한 붕괴를 정책 목표로 채택함으로써 무산되었다.

북한군은 결과적으로 낙동강 지역 돌파에 실패했다. 흐루쇼프Nikita Sergeye vich Khrushchev(1894~1971)에 의하면, 실패 원인은 계획상의 판단착오와 기간 중 손실에 의한 전력의 약화에 있었다. 즉 흐루쇼프는 "부산 교두보는 요새도 아니었다. 김일성은 마지막 단계에서 힘이 부족했다. 그는 공격에서 병력과 장비, 전차 등 많은 손실을 입었다. 나는 전차 1개 군단만 더 있었다면 방어선을 돌파해 충분히 전쟁을 끝냈을 것이라고 생각한다. 우리 고문관들은 계획 과정에서 제반 요인

인천상륙작전을 수행 중인 한국 해병대 1950년 9월 15일 미 해병1사단과 보병7사단, 국군 17보병연대와 해병 4개 대대 등 7만여 병력이 인천에 상륙했다.

브리핑을 듣고 있는 맥아더 유엔군 사령관 북한군의 시체 앞에서 맥아더 유엔군 사령관이 인천상륙작전 성공 후 브리핑을 듣고 있다. 1950년 9월 17일.

인천상륙작전을 수행 중인 미 해병1사단 유엔군은 낙동강선 방어 성공 후 인천상륙작전과 동시에 반격 작전으로 전환해 9월 말에 전전 상황을 회복했다.

을 고려하지 못해 필요한 모든 지원을 제공하지 못했다. 이에 대해 스탈린은 비난받아야 한다"라고 하여 북한군의 보급, 장비의 한계에 대해 지적했다.

낙동강선 방어에 성공한 유엔군은 9월 15일 인천상륙작전과 더불어 반격 작전으로 전환해 9월 말, 전쟁 발발 97일 만에 실지를 되찾고 전전戰前 상황을 회복했다. 유엔군은 성공적인 우회기동으로 북한군의 전선을 단숨에 절단했으며, 뒤이어 실시한 돌파와 반격 및 추격 작전은 전사戰史상 가히 경이적이라 할 만큼 성공적이었다. 이때 북한군은 괴멸적인 피해를 입은 채 북으로 퇴각했으며 일부의 패잔병들은 태백산맥과 소백산맥의 험준한 산악으로 잠입해 게릴라가 되었다.

한국군이 38도선에 도달하자 이승만 대통령은 즉시 한국군 통수계통으로 38도선 북진 명령을 하달했다. 그는 "38도선은 이미 북한군의 남침 시 허물어졌으므로 북진에 아무런 장애가 되지 않으며 이 기회에 반드시 통일을 이루어야 한다"고 주장했다. 이어 미국 정부도 북한군을 격멸하기 위한 38도선 북쪽에서의 군사작전은 '6·28유엔결의'에 비추어 적법하다는 결론을 내리고 유엔군 계통으로 북진 작전에 관한 훈령을 하달했고 또 군사적 점령 후에 예상되는 정치적 통일을 위해 '10·7통한결의'를 추진했다. 이에 대해 공산국들이 즉각 반발하고 나섰다. 중국은 "유엔군이 북진하면 자신들도 전쟁에 개입하겠다"고 경고했으며, 소련은 미국의 결의에 강력하게 반대하면서 즉각적인 휴전 및 외국군의 철수를 제안했다. 소련의 제안은 10월 7일 소련 외상 비신스키가 유엔군의 북진을 다소가 지연시키려고 의도한 것이었으므로 역시 미국에 의해 거부되었다. 결국 10월 1일 한국군 제3사단

서울을 수복한 국군

평양탈환 축하 평양시민대회에 참석한 한미 연합군

38선을 지나 북진하는 국군 11사단

서울을 수복한 국군 낙동강선 방어에 성공한 유엔군은 9월 15일 인천상륙작전과 더불어 반격 작전으로 전환해 9월 말, 전쟁 발발 97일 만에 실지를 되찾고 전전戰前 상황을 회복했다.

이 먼저 38선을 넘어 진격하고 이어 유엔군의 북진 작전이 시작되었다. 북진 작전은 중국과 소련의 개입 가능성에 대한 확실한 판단 없이 우발적인 계획 하에 전개되었던 것이다.

북한군의 방어선을 돌파한 유엔군은 10월 19일 평양을 탈환하고 청천강선으로 진출했다. 유엔군은 북한군의 저항이 거의 없는 상태가 지속되자, 평양과 원산을 연결한다는 최초의 계획을 수정해 계속 북진하라는 지시로 전환했다. 한편 한국 정부와 유엔군은 북한의 점령 지역에서 우익 조직을 지원하여 부흥시키는 한편 다소간의 갈등 속에서 한반도 통일 방안을 검토하기도 했다. 이 무렵 김일성은 전쟁지도부를 강계로 옮기고 청천강, 희천, 강계에 3중 방어선을 구축하는 한편 유격전으로써 최후까지 저항할 결의를 다지고 있었다.

10월 24일 청천강을 확보한 유엔군은 한·만 국경선을 향한 총공세를 폈다. 맥아더Douglas MacArthur(1880~1964) 장군은 국경선 부근에서는 한국군만을 운용해야 한다는 제한 사항마저 제거하고 모든 부대로 하여금 압록강, 두만강으로 진군하도록 독려했다. 그러나 유엔군이 혜산진과 청진을 점령한 상황에서 중국군이 압록강을 넘어 대거 개입함으로써 전쟁의 양상은 다시 한 번 크게 바뀌었다.

전쟁의 제3단계: 조·중 연합군 대 유엔군의 전쟁 단계

중국은 유엔군의 38도선 북상을 확인한 직후 몇 차례에 걸쳐 소련·북한과 논의한 후 '항미원조抗美援朝 보가위국保家爲國'이라는 목표로 참전을 최종 결정했다. 중국군은 확전될 것을 우려하여 '스스로 북한을 돕기 위해 지원했다'는 명분을 내걸었고, 군의 명칭도 '인민지원군

시위에 나선 중국인들 1950년 9
월 30일, 저우언라이周恩來 총리
가 국경절 대회에서 미국에게 경
고한 이후 중국인들은 '항미원조'
를 구호로 시위에 나섰다.

한국전쟁에 참전한 중국군의 총
사령관 펑더화이 그리고 김일성
중국은 한국전쟁 확전을 우려하
여 '스스로 북한군을 돕기 위해
지원했다'는 명분을 내걸고, 군
의 명칭을 '인민지원군'이라 명
명했다. 가장 먼저 펑더화이가 압
록강 3개 지점을 거쳐 입북했다.

人民志願軍'이라 명명했다. 그리하여 가장 먼저 1950년 10월 19일 펑더화이彭德懷(1898~1974) 지휘 하의 제13병단 26만여 명의 병력이 압록강 3개 지점을 거쳐 입북했다.

이제 한국전쟁은 조·중연합군 대 유엔군의 전쟁, 사실상 중국군 대 유엔군의 전쟁으로 바뀌었고 전혀 새로운 단계로 접어들었다. 당시 소련을 비롯한 공산국가의 군사 지원 등을 고려하면 전쟁의 상황은 냉전구조 하의 공산진영 대 자유진영의 전쟁으로까지 확대된 것이었다고 할 수 있다.

중국군은 10월 25일 유엔군이 박천-운산-온정리-희천을 연결하는 선까지 진출했을 때 1차 공세(1950.10.25~11.7)를 개시했다. 중국군은 대부대를 투입해 유엔군의 후방을 차단하기 위하여 은밀히 밀려들고 있었다. 이러한 가운데에서도 한국군은 계속 진격하여 제6사단 선두부대가 압록강변 초산을 점령했고 서부 지역의 미 제24사단은 신의주 남방 정거동까지 진출하고 있었다.

한국군과 유엔군은 중국군과 불의의 조우로 인해 후방이 차단된 상황에서 위기를 맞았으나, 갑자기 중국군이 갑자기 공격을 멈추고 청천강 북쪽 적유령산맥으로 이동해 자취를 감춤으로써 일시적으로 정적이 감돌았다. 중국군이 기만전술과 유인전술을 운용한 것이었다.

맥아더 사령관은 전황을 오판해 중국군의 참전 목적과 작전 기도를 정확히 간파하지 못했고, 오히려 제8군의 재공격 준비가 완료되자 '11·24최종공세'(일명 크리스마스공세)를 명령했다. 이때 전선의 상황은 12개국의 유엔군이 참전 중이었고 정주-영원-장진호-혜산진-합수-청진선을 점령해 한·만 국경선을 지척에 놓고 있었다. 하지만 유

대동강에서 후퇴하는 국군 1사단 중국군의 참전으로 한국전쟁은 사실상 중국군 대 유엔군의 전쟁으로 바뀌었다. 중국군의 1차(1950.10.25.~11.7)와 2차 공세(1950.11.25.~12.24)에 밀리면서 11월 30일을 기해 모든 부대가 철수하기 시작했다. 유엔군이 반격을 시작한 지 71일 만에 철수작전으로 전환할 수밖에 없게 된 것이다.

엔군은 이번에도 중국군의 2차 공세(1950.11.25~12.24)에 부딪혀 큰 손실을 입었으며 11월 30일을 기해 모든 부대가 무질서하게 철수하기 시작했다. 유엔군은 비로소 중국군이 대대적으로 개입한 사실을 확인하게 되었으며, 반격을 개시한 지 71일 만에 철수작전으로 전환할 수밖에 없었다.

한국군과 유엔군은 철수에 철수를 거듭했다. 중국군은 연결되지 않은 전선으로 침투해 야간에 전후방을 공격했고 한국군과 유엔군 병사들은 극도의 공포심에 빠져 조직적으로 중국군을 지연시키거나 순차적으로 철수할 수 없었다. 서부전선의 미 제8군은 12월 4일 평양에서 철수해 12월 말 38선 부근으로까지 철수했다. 동부전선의 미 제10군단과 한국군 제1군단은 중국군에게 퇴로가 차단되어 부득이 흥남부두에서 부산으로 해상 철수했다. 결과적으로 전세는 또다시 반전되었고 두 차례에 걸친 중국군의 공세로 유엔군과 한국군은 순식간에 38도선으로 밀려나게 되었다. 중국군은 2차 공세 시기 지휘의 통일을 기하기 위해 조·중 연합사령부(사령관 펑더화이, 부사령관 김웅, 정치위원 박일우)를 편성했고 그 직후 계속적인 38선 돌파 작전을 준비했다.

조·중 연합군은 몇 차례의 내부적인 갈등을 겪은 후 3차 공세(1950.12.3~1951.1.8)를 개시해 38선을 돌파했다. 사령관 펑더화이는 주력 부대를 의정부-서울 축선으로 향하고 보조 부대는 춘천-원주 축선으로 설정해 총공격을 가했다. 결국 유엔군은 1월 4일 서울을 포기하고 평택-삼척선까지 철수를 결정했다. 유엔군은 이때부터 중국군의 병참선 신장을 유도하고 우세한 화력으로 중국군 전력을 약화시키며 반격작전을 준비했고, 중국군의 공세 역량이 한계점에 다다른 것을 파악하고 1951년 1월 25일 일제히 반격 작전에 나섰다.

그럼에도 불구하고 중국군은 그 후에도 4차, 5차 공세를 무리하게 강행했다. 중국군은 유엔군의 반격 직후 4차 공세(1951. 1. 27~4. 21)를 단행하여 지평리, 원주 일대에서 많은 손실을 입으면서 격렬한 전투를 수행했다. 그러나 이 전투에서 유엔군이 작전의 주도권을 회복해 3월 15일 서울을 탈환하고 여세를 몰아 3월 말에 38선을 회복했다.

곧이어 이어진 중국군의 5차 공세(1951. 4. 22~6. 10)는 중국군이 참전한 이후 최대 병력과 소련으로부터 지원된 최대 규모의 장비를 투입한 마지막 공세였다. 이들은 4월에는 서부전선 개성-화천 방면에, 5월에 동부전선 양구-인제 방면에 각각 전력을 집중시켜 총공세를 펼쳤다. 그러나 중국군의 공세는 유엔군의 화력에 압도당하면서 많은 희생을 남긴 채 저지되었으며, 유엔군은 반격 작전을 계속해 6월 15일 문산-철원-김화-화천-간성을 잇는 지역을 점령했다. 이때 유엔군이 유리한 상황에서 반격을 중단한 것은 전쟁 전으로 원상복구된 상황에서 휴전을 모색하려는 미국의 정치적인 고려 때문이었다.

한편 이 무렵 중국군은 공격개시 직후 한계점이 노출되고, 미국 역시 내부적으로 정전 압박을 받아 다른 해결책을 강구해야 하는 상황에 직면했다. 유엔군 측은 중국군의 참전으로 전선에서 밀리게 되자 1950년 말경부터 내부적으로 정전을 검토하기 시작했다. 그동안 유엔의 5단계 정전 방안 등 여러 가지 중재안을 제시했지만 번번이 공산군의 반대로 무산되었다. 그러나 당시는 어느 쪽에서나 위험한 반격보다는 안정적인 봉쇄나 현상유지 정책이 타협안으로써 힘을 얻고 있었다. 전쟁이 세계대전으로 확전될 위험이 커지자 영국을 비롯한

참전국들 사이에서 전쟁 이전의 원상회복 선에서 전쟁을 마무리하자
는 목소리가 커지고 있었다.

전쟁의 제4단계: 휴전협상 단계

유엔군과 조·중 연합군은 1951년 6월 한반도 문제를 더 이상 군사
적으로 해결하기 어렵다고 판단하고 협상에 의해 해결하고자 했다.
즉 중국군의 5차 공세가 종료될 무렵인 1951년 6월 3일 조지 케넌
George F. Kennan이 휴전을 위한 미·소 회담 개최를 제의했고, 6월 23
일 조·중 연합군 측이 유엔주재 소련대사 말리크를 통해 호응함으로
써 정전회담 개최에 합의하게 되었다. 그리고 군사적인 승패가 아닌
정치적 타협으로 전쟁을 마무리하기로 결정하고 1951년 7월 10일부
터 판문점에서 휴전회담에 들어갔다.

양측은 최초의 휴전회담에서 군사분계선 설정 문제를 비롯하여 휴
전 실현을 위한 구체적인 협정, 전쟁포로, 양측 관계 정부에 대한 건
의 문제 등 네 가지 의제를 토의하기로 결정했다. 그러나 최소 6주 정
도면 타결될 것으로 기대되었던 회담은 처음부터 난항을 거듭했고 매
의제마다 장기간 설전을 벌였다. 그 주된 이유는 중국군 측이 협상 기
간을 통해 군의 손실을 보충함으로써 군사적 우위를 회복하려 했고,
또 무엇보다 스탈린Iosif Vissarionovich Stalin(1879~1953)이 줄곧 정전에
반대하고 있었기 때문이었다.

회담과 작전의 양면에서 팽팽한 힘의 균형이 유지되는 가운데 길고
도 지루한 교착상태가 계속되었다. 일단 전선이 고정되면 양측의 협
상을 통해 작전을 가능한 빨리 종결시킬 수 있으리라는 기대와는 달

리 점차 전쟁은 장기 소모전의 양상을 띠게 되었다.

양측은 별도의 협의가 없는 한 군사 작전은 계속한다고 했기 때문에 회담 기간 중에도 치열한 전투가 계속되었고, 군사 작전은 휴전회담의 추이에 따라 전개되었다. 이때부터 전투는 국지전 형태를 벗어나지 못한 상태에서 심리적인 주도권 쟁탈을 위한 소모적인 전투만을 반복하기에 이르렀다. 전선의 상황은 38선을 연한 주요 고지를 둘러싸고 양측이 오르고 내림을 반복하는 정도였으며, 대규모 공격과 철수 작전은 있을 수 없었다.

대체로 회담이 순조롭게 진행될 때에는 전선이 소강상태를 유지했으며, 회담이 결렬 또는 지연될 경우에는 전투가 치열하게 전개되었다. 전선의 병력들은 한눈으로는 회담장을 주시하고 또 다른 한눈은 전방을 주시하면서 전투를 수행하는 특이한 양상을 되풀이했다. 그야말로 휴전천막과 전장 사이를 오가는 지루한 상황이 2년여간 지속되었다.

휴전협정 체결까지 양측은 38선상에서 피의능선전투, 단장의능선전투, 펀치볼전투, 고양대전투, 백마고지전투, 저격능선전투, 금성전투 등 수많은 고지 쟁탈전을 수행했다. 주요 고지를 놓고 하루에도 몇 차례나 주인이 뒤바뀌는 혈전을 전개했고 그 과정에서 엄청난 비용과 인명 손실이 발생했다.

한편 휴전회담에서 가장 큰 난제로 부각된 의제는 포로 문제였다. 유엔군은 포로의 자유송환을, 공산군은 강제송환을 각각 주장함에 따라 협상은 오랫동안 교착상태에 접어들었다. 1953년 1월에 이르러 미국의 아이젠하워Dwight Eisenhower(1890~1969) 신임 대통령은 이승만의 확전 주장을 일축하고 공산군에 정치·군사적 압력을 가중시키면서 휴

지도에 휴전선을 그리는 유엔군
과 북한군 휴전협상이 시작된 직
후인 1951년 11월 26일 판문점에
서 북한 인민군 장춘산 대령(오른
쪽)과 유엔군 제임스 머리 대령이
휴전의 방안 중 하나로 제시된 휴
전선을 지도에 그리고 있다.

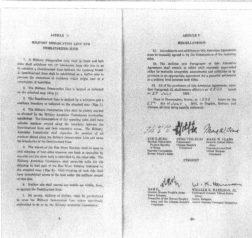

휴전협정문 한국전쟁은 발발 3
년 1개월 만인 1953년 7월 27일,
연합군 대표 클라크, 북한군 대표
김일성, 중국군 대표 펑더화이가
휴전협정에 서명하면서 마무리
되었다. 한국 정부는 휴전협정에
불참했다.

전에 임하도록 압박했다. 그리고 3월 5일 스탈린의 사망이 발표되면서 휴전회담은 급진전되었다.

그동안 휴전을 반대해온 이승만 대통령은 6월 17일 반공포로 2만 6,000명을 석방시킴으로써 회담을 저지하고자 했으며, 펑더화이는 이에 대한 보복으로 휴전회담 이후 가장 강력한 공격 작전인 7·13 공세'를 취함으로써 휴전회담은 한때 위기 국면을 맞기도 했다. 이 대통령은 미국과 심각한 정치적 대립을 겪었고 '이승만 제거 계획'이라는 정치적 위기에 직면했으나, 휴전협정을 묵인하는 대가로 미국으로부터 한·미 상호방위조약 체결과 군사·경제원조, 그리고 한국군 증강 등의 약속을 받아냈다. 결과적으로 한국전쟁은 발발한 지 3년 1개월 만인 1953년 7월 27일 마침내 북한군, 중국군 그리고 유엔군 측의 미군 대표가 휴전협정에 서명하면서 마무리되었다. 이때 한국정부는 휴전을 인정할 수 없다고 하며 대표를 참석시키지 않았다.

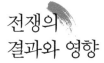

전쟁의 결과와 영향

전쟁의 결과

남북한은 3년간의 전쟁에도 불구하고 38도선 분단선을 허물지 못하고 다시 휴전선을 경계로 하여 재분단되었다. 이 전쟁에서 우리민족은 유구한 역사를 통해 치른 전란 중에서도 가장 처참하고 엄청난

❶ 서울 남대문 일대 풍경(1952.9)

❷ 전쟁으로 폐허가 된 거리에서 앉아 울고 있는 아이

❸ 중국군의 시체를 돌아보며 행군하는 미 해병대

❹ 한강다리 보수작업을 시찰하고 있는 유엔위원회 회원들

❺ 포로로 호송 중인 북한군에게 달려드는 시민

전쟁 피해를 입었다. 군사 작전으로 인한 1차적 전쟁 피해와 이념 투쟁에 의한 2차적 피해가 중첩되었으며, 핵무기를 제외한 최신 살상무기들이 좁은 전장에 동원됨으로써 인명피해가 막심했다.

우선 인명 피해에 있어, 남측에서는 한국군(경찰 포함) 63만 명, 유엔군 55만 명을 포함 119만 명이 전사·전상·실종되었고, 북측에서는 북한군 80만 명, 중국군 123만 명 등 약 204만 명의 손실이 생겨 군인 피해만도 총 322만 명에 달했다. 또한 1952년 3월 15일까지 발생된 전재민의 수가 천만 명을 넘어섰다. 휴전 때까지 이 숫자는 훨씬 늘어났겠지만 결과적으로 전체 인구의 절반 이상이 전화戰禍를 입었다. 따라서 당시 한국인의 상황을 살펴 보면 가족 구성원 중에서 최소한 한 명은 전쟁의 피해를 받은 셈이어서, 전·사상자의 혈육과 이산가족 등 많은 사람들이 한국전쟁의 연장선상에서 고통을 받고 있다.

물적 피해도 인명피해 못지않게 컸다. 부산 교두보를 제외한 전 국토가 전쟁터가 되었을 뿐만 아니라 37도선과 38도선 사이의 지역에서는 세 차례의 피탈과 탈환이 반복되었다. 남북한 공업시설은 남한이 전쟁 직전 대비 42퍼센트가 파괴되었고, 포격의 피해가 컸던 북한은 60퍼센트 이상이 파괴되었다. 이런 가운데서 개인의 가옥과 재산이 많은 피해를 입은 것을 비롯해 도로, 철도, 교량, 항만 및 산업시설이 크게 파손되었음은 물론 군사시설로 전용된 학교 및 공공시설도 파괴되어 국민생활의 터전과 사회경제 체제의 기반이 황폐화되었다.

무엇보다 쌍방은 휴전 체제를 평화 체제로 전환시키거나 남북통일로 승화시키는 데 실패하고 불안한 휴전상태로 대치하게 되었다. 이는 남북이 하나로 되기는커녕 전쟁 이전으로 회귀한 채 냉전의 굴레를 벗지 못하고 그 틀 속에서 분단과 대결을 다시 벌이게 된 역사의 불행이었다.

휴전은 '군사행동(적대행위)의 일시적 중지'를 의미하는 순수한 군사적 조치였다. 휴전은 종전이 아니라 전쟁과 평화의 가교였고, 이에 따라 휴전으로 일단 정전Cease-fire 조치를 취하고 휴전 체제를 구축한 다음 이를 평화로 대체하기로 했다. 즉, 3개월 내에 정치회담을 열어 평화적 해결 방안과 외국군의 철군 등 정치 현안을 다루기로 협정했다.

그러나 정치회담은 회담 참가국 및 장소 문제로 인해 판문점 예비회담에서 좌초되어 본회담은 협상에 명시된 3개월 내에 열리지도 못했다. 다행히 2차 세계대전 전후 처리 문제를 다루던 미·소·영·불 4개국 외상회담의 주선으로 이듬해인 1954년 4월 26일 뒤늦게 정치회담이 제네바에서 열렸다. 그러나 통일정부 수립 방안에 있어 자유선거 방식과 유엔 감시를 둘러싸고 참가국들이 타협의 자세를 보이지 않음으로써 결국 6월 15일 결렬되고 말았다.

이리하여 양측은 불안한 휴전상태를 계속하게 되었다. 그리고 휴전협정의 이행관리 및 감독 기능이 마비된 상태였기 때문에 남과 북은 휴전이 언제 열전으로 바뀔지 예측을 불허하는 형국에 놓이게 되었다. 그럼에도 불구하고 남북한은 전후 복구 과정에서 생존을 위한 강인한 정신력을 발휘했으며, 그것이 곧 재건과 발전의 원동력이 되었다.

전쟁의 성격

한국전쟁은 국내외적으로 복잡한 정치적 갈등 속에서 전개되었기 때문에 그 성격도 다양한 측면을 내포하고 있다.

첫째, 한국전쟁은 민족전쟁인 동시에 '침략전쟁'이며 '이념전쟁'의 성격을 내포한 전쟁이었다. 이 전쟁은 북한 정권이 남북한 내부의 민족갈등 속에서 한반도를 무력으로 통일하려고 구상한 데서 비롯되었고 또 자유민주주의와 자본주의 체제의 한국 정부를 타도하고 대신 통일된 공산주의국가 수립을 목표로 개시된 전쟁이었다.

둘째, 한국전쟁은 기원과 배경, 그리고 전개 과정 면에서 국제전적인 성격을 내포하고 있다. 한국전쟁은 특이하게도 준비, 결정, 개시, 전개 등 모든 과정에서 스탈린의 지도와 지원 하에 이루어졌다는 점에서 국제전적 성격을 띠었고, 특히 유엔군과 중국군이 참전한 후에는 지원의 차원을 넘어 유엔군사령관과 중국군사령관이 각각 남한과 북한군을 포함한 유엔군과 공산군에 대한 작전지휘권을 행사하거나 주도했다는 점에서도 국제전적 성격을 띠고 있다.

셋째, 전장이 한반도에 국한된 세계적 규모의 전쟁이었다. 전쟁의 개시와 더불어 침략자를 격퇴하고 평화를 회복하기 위해 미국을 비롯한 자유 진영으로 구성된 유엔군이 참전하고 이에 대응해 소련을 중심으로 한 중국군 등 공산군이 침략전선에 가세함으로써 20개국의 전투부대와 그밖의 여러 국가의 지원부대가 양대 진영으로 나뉘어 열전을 벌인 전쟁이었다.

넷째, 2차 세계대전 후 핵시대에 치러진 국지전이며 제한전이었다. 군사적으로 당시 미·소 양국은 핵무기를 보유했고 특히 미국의 경우 전술 핵무기를 개발했음에도 이의 사용을 억제했다. 또한 유엔군 측이 전쟁을 한반도 내에 국한시키고 전쟁의 목표를 공산군의 침략을 격퇴하는 것으로 한정시켰다는 점에서도 제한전의 성격을 띠었다.

전쟁의 영향

한국전쟁은 비록 정전이 아닌 휴전으로 끝을 맺었지만 대내외적으로 커다란 후유증을 남겼다. 휴전 후 남북한 간의 관계는 대화나 협력이 아닌 대치와 도발로 점철되었다. 치열한 냉전 대결로 남과 북이 분단된 상황은 더욱 고착되었으며 남북 모두가 정치적으로 냉전 유지에 많은 대가를 지불해야 했다.

남북한의 적대의식과 불신감이 전쟁 이전보다 더욱 깊어진 데다, 상호 군비 경쟁을 취함으로써 남북한의 간격은 물리적인 측면에서나 이념적인 측면에서 전쟁 이전보다 더욱 넓고 깊어져 긴장 완화는 물론 다시 하나로 되는 데 역기능으로 작용했다.

남한에서는 60만 대군의 육성을 바탕으로 반공보수 세력의 기반이 굳어졌으며 이승만의 극우 반공 체제 또한 더욱 강화되었다. 반공·반북 이데올로기는 미군정기를 이어 한국전쟁을 거치면서 꾸준히 내화된 측면이 있었다. 한 표본조사에 따르면 한국전쟁 중 월남자의 월남 동기가 정치사상적 이유 38.7퍼센트, 농지개혁 등 재산 몰수 19.0퍼센트, 한국군의 피난 권유 25.0퍼센트, 기타 17.3퍼센트로 나타났을 정도로 전후 남한에 형성된 반공 이데올로기는 월남민과 전쟁 경험자들의 영향을 받은 것이기도 했다.

북한에서는 남한 내 빨치산 투쟁과 제2전선 구축 실패에 대한 책임 문제가 첨예하게 제기되었고, 곧 정치권력 구도를 재편하는 데까지 큰 영향을 미쳤다. 이 과정에서 남로당에 대한 숙청이 발생했고, 이후 소련파·연안파 숙청이 이어지면서 김일성 중심의 단일지도체제가 정립되었다.

경제적으로 자본주의 남한과 사회주의 북한은 산업화와 경제적 동원을 위해 각기 전쟁 경험을 바탕으로 반공우익 권위주의적 사회와 공산좌익 전체주의적 사회를 강화시켜 나아갔다. 사회적인 측면에서 북한에서는 폐쇄적인 사회 체제가 정착되고 남한은 다원적인 개방사회를 지향하게 되었지만 미국 문화의 무분별한 유입 등으로 고유한 민족문화가 파괴되기도 했다.

한편 한국전쟁은 국제정치적으로도 적지 않은 영향을 끼쳤다. 냉전 양극 체제가 세계적으로 더욱 격화되면서 동서 진영 간의 이데올로기적인 대결과 군비 증강, 그리고 블록 간 군사 대결이 첨예화되었으며, 아울러 동북아의 냉전구조도 심화되었다.

참전국들의 상황을 살펴보면, 전쟁을 계기로 미국을 정점으로 하는 서방 진영의 군사동맹이 강화되었고, 미국의 군사력이 크게 증강되어 미국은 세계 1위의 군사대국이 되었다. 미국의 경우 반공 매카시즘 선풍과 대소 강경 정책으로의 선회, 군비 증강, 북대서양조약기구 NATO의 강화, 아시아태평양기구ANZUS·동남아조약기구SEATO·중앙조약기구CENTO 결성 등의 움직임이 촉진되었다.

한편 공산권에서는 소련과 중국 및 북한 3자 사이에 갈등이 시작되었으며 그 결과 북한과 중국의 자력갱생 노선이 출현했다. 소련의 경우 바르샤바조약기구 등을 통해 군비 증강을 꾀하는 한편 사회주의 동맹국들의 이탈로 말미암아 서방과의 평화공존을 시도하게 되었다. 중국의 경우 전쟁으로 국제적 지위가 고양되었지만, 마찬가지 이유로 인해 소련에 대한 불신감이 커졌고 이는 중소분쟁의 불씨가 되었다.

1990년대, 20세기 말 소련의 붕괴를 계기로 세계는 냉전질서가 와

해되고 인류평화와 공동번영의 새 질서가 구축되었다. 남북한은 휴전을 평화의 가교로 전환해 다양한 분야에서 평화적인 방법에 의해 민족 통합과 통일의 기반을 마련하고자 했다. 이 시기 본격화되었던 남북한 대외 정책의 변화와 남북관계의 발전은 미·소 냉전의 해체와 중국의 개혁·개방에 조응한 분단 체제의 변화였다. 이는 새로운 개방 정책의 시도, 남북관계 개선을 위한 당국 간 접촉의 확대, 주변 강대국의 남북한 교차 승인과 남북 유엔 동시 가입을 포함한 대외관계의 개선 등이었다.

남한도 한·소 수교, 남북 유엔 동시 가입, 남북기본합의서 채택, 나진·선봉 자유경제무역지대 설치, 한·중 수교 등 적극적인 북방 정책과 대북 정책을 추구했다. 북한은 체제 보장과 경제적 실리를 위해 미사일 및 핵 개발과 같은 군사적 수단도 계속 개발하는 한편, 북·미, 북·일 간의 외교적인 접촉을 꾸준히 지속했다. 이는 변화하는 국제정세에 대해 남북한이 적극적으로 대응한 결과였다.

한국전쟁을 돌이켜 볼 때 '전쟁의 억지抑止'는 준비를 갖추고 있을 때만이 가능하며 한반도 통일도 평화적인 수단으로 성취해야 한다는 귀중한 교훈을 받을 수 있다. 한국전쟁은 현재 우리에게 정치·경제·사회·문화 등 거의 모든 분야에 걸쳐 많은 과제를 남겨 놓았으며, 아울러 과거, 현재, 미래에 대한 우리의 모습을 제시해주고 있다. 무엇보다 민족적인 우선 과제로 휴전 체제를 평화 체제로 전환하려는 노력이 더욱 절실하다고 하겠다.

—양영조

참고문헌

● 해방과 자주적 국가 건설 운동

고지훈, 〈駐韓美軍政의 占領行政과 法律審議局의 活動〉, 《韓國史論》 44, 서울大 國史學科, 2000.

김기조, 《38선 분할의 역사: 미·소·일간의 전략대결과 전시 외교 비사》, 동산, 1994.

도진순, 《한국민족주의와 남북관계》, 서울대학교출판부, 1997.

브루스 커밍스, 김자동 옮김, 《한국전쟁의 기원》, 일월서각, 1986.

정병준, 《우남 이승만 연구》, 역사비평사, 2005.

_____, 《광복직전 독립운동세력의 동향》, 독립기념관 독립운동사연구소, 2009.

_____, 〈패전 후 조선총독부의 전후戰後 공작과 김계조金桂祚사건〉, 《梨花史學研究》 36, 梨花史學研究所, 2008.

_____, 〈카이로회담의 한국 문제 논의와 카이로선언 한국조항의 작성과정〉, 《역사비평》 107, 2014.

정용욱, 《해방 전후 미국의 대한정책》, 서울대학교출판부, 2003.

_____, 〈1945년말 1946년초 신탁통치 파동과 미군정: 미군정의 여론공작을 중심으로〉, 《역사비평》 62호, 2003.

제임스 메트레이, 구대열 옮김, 《한반도의 분단과 미국: 미국의 대한정책 1941~1950》, 을유문화사, 1989.

Henry H. Em, "Civil Affairs Training and the U.S. Military Government in Korea", Bruce Cumings ed., Chicago Occasional Papers on Korea, select paper volume no.6, The Center for East Asian Studies, 1991, The University of Chicago, Chicago, Illinois.

● 미·소의 점령과 점령 정책의 실시

김광운, 《북한정치사연구》 1, 선인, 2003.

서중석, 《한국현대민족운동연구》 1, 역사비평사, 1991.

정용욱, 《해방 전후 미국의 대한정책》, 서울대학교출판부, 2003.

● 모스크바3상회의 결정과 신탁통치 파동

강영주, 〈신탁통치파동과 홍명희〉, 《역사비평》 39, 역사문제연구소, 1997.

기광서, 〈훈령으로 본 소련의 미소공동위원회 전략〉, 《역사문제연구》 제24호, 2010.

김계동, 《한반도 분단 누구의 책임인가》, 명인문화사, 2012.

김영명, 《대한민국 정치사―민주주의의 도입, 좌절, 부활》, 일조각, 2013.

김육훈, 《민주공화국 대한민국의 탄생》, 휴머니스트, 2012.

김일수, 〈모스크바삼상회의 결정에 대한 대구지역 정치세력의 대응〉, 《사림》 16, 수선
    사학회, 2001.

김현식·정선태, 《삐라로 듣는 해방 직후의 목소리》, 소명출판, 2011.

도진순, 《한국민족주의와 남북관계》, 서울대학교출판부, 1997.

박태균·정창현, 《암살―왜곡된 현대사의 서막》, 역사인, 2016.

서중석, 《한국현대민족운동연구》, 역사비평사, 1997.

_____, 〈반탁투쟁과 자주적 통일민주국가 건설의 좌절〉, 《한국민족민중운동연구》,
    두레, 1989.

서중석·김덕련, 《서중석의 현대사 이야기 1―해방과 분단, 친일파 편》, 오월의봄, 2015.

송건호, 〈탁치안의 제의와 찬반탁논쟁〉, 《분단시대와 한국사회》, 까치, 1985.

심지연, 《해방정국논쟁사》 1, 한울, 1986.

_____, 《미소공동위원회 연구》, 청계연구소, 1989.

윤덕영, 〈1946년 전반 좌익세력의 제1차 미소공동위원회에 대한 대응과 임시정부수
    립구상〉, 《한국사의 구조와 전개》, 하현강교수정년기념논총간행위원회, 2000.

이강수, 〈삼상회의 결정안에 대한 좌파 3당의 대응〉, 《한국근현대사연구》 3, 한국근현

대사연구회, 1995.

이동현, 《한국신탁통치연구》, 평민사, 1990.

이수인, 〈모스크바3상협정 찬반운동의 역사적 성격〉, 《한국현대정치사》 1, 실천문학사, 1989.

이완범, 〈한반도 신탁통치문제 1943~46〉, 《해방전후사의 인식》 3, 한길사, 1987.

정병준, 〈1946~1947년 좌우합작운동의 전개과정과 성격변화〉, 《한국사론》 29, 서울대학교, 1993.

_____, 〈해방직후 각정파의 정부수립 구상과 그 특징: 제2차 미소공위 답신안 분석을 중심으로〉, 《통일문제연구》 10권 2호, 평화문제연구소, 1998.

정용욱, 《해방 전후 미국의 대한정책》, 서울대학교출판문화원, 2013.

_____, 〈1945년 말 1946년 초 신탁통치 파동과 미군정—미군정의 여론공작을 중심으로〉, 《역사비평》 62, 역사문제연구소, 2003.

_____, 〈모스크바삼상회의 결정의 국내 전달과정에 대한 연구〉, 《청계사학》 18, 한국정신문화연구원 청계사학회, 2003.

차상철, 〈1945~1946년 트루만행정부의 한국정책—미소공동위원회와 신탁통치문제를 중심으로〉, 《동방학지》 63, 연세대 국학연구원, 1989.

● 좌우합작운동과 남조선과도입법의원

《동아일보》, 1946년 5월~1947년 12월.

《조선일보》, 1946년 5월~1947년 12월.

국가보위입법의회 도서관, 《한국정치 연표: 1945~1979》, 1980.

국사편찬위원회, 《자료대한민국사 1》, 1968.

_____, 《자료대한민국사 2》, 1969.

김남식, 《실록 남로당》, 신현실사, 1975.

김준연, 《독립노선》, 시사시보사, 1959.

대검찰청 수사국, 《좌익사건 실록 1》, 1965.

민주주의민족전선, 《조선해방 1년사》, 1946.

송남헌, 《한국현대정치사 1》, 성문각, 1980.

심지연, 〈한국민주당 소사〉, 《한국현대정당론》, 창작과비평사, 1984.

여운홍, 《몽양 여운형》, 청하각, 1967.

우남실록편찬위원회, 《우남실록》, 열화당, 1976.

이경남, 《설산 장덕수》, 동아일보사, 1981.

이기하, 《한국정당발달사》, 의회정치사, 1961.

이정식, 《김규식의 생애》, 신구문화사, 1974.

장복성, 《조선공산당 파쟁사》, 돌베개, 1984.

정시우 엮음, 《독립과 좌우합작》, 삼의출판사, 1946(돌베개 영인본, 1984).

조선통신사, 《조선연감》, 1947·1948.

한태수, 《한국정당사》, 신태양사, 1961.

Berger, C., *The Korea Knot: A Military-Political History*(Philadelphia: Uni. of Pensylvania Press, 1964).

Cumings, B., *The Origins of the Korean War: Liberation and the Emergence of Separate Regime 1945-1947*(Princeton New Jersey: Princeton Uni. Press, 1981).

Henderson, G., *Korea: The Politics of the Vortex*(Cambridge Mass.: Harvard Uni. Press, 1968).

McCune, G., *Korea Today*(Cambridge Mass.: Harvard Uni. Press, 1950).

Oliver, R. T., *Syngman Rhee: The Man Behind the Myth*(New York: Dodd Mead and Company).

U. S. Department of State, *Foreign Relations of U. S. 1945-1947*(Washington D. C.: U. S. Government Printing Office, 1971).

● 북한 정치사회의 변화와 국가권력의 형성

《김일성선집》 제1, 2권, 조선로동당출판사, 1954.

《北韓關係史料集 I》, 국사편찬위원회, 1982.

《北韓關係史料集 V》, 국사편찬위원회, 1987.

《해방 후 10년 일지(1945~1955)》, 조선중앙통신사, 1955.

김광운, 《북한정치사연구 I. 건당·건국·건군의 역사》, 선인, 2003.

김성보, 《남북한 경제구조의 기원과 전개—북한농업체제의 형성을 중심으로》, 역사비
평사, 2000.

도진순, 《한국민족주의와 남북관계—이승만·김구 시대의 정치사》, 서울대학교출판부,
1997.

박병엽, 유영구·정창현 엮음, 《조선민주주의인민공화국의 탄생》, 선인, 2010.

서동만, 《북조선사회주의체제성립사(1945~1961)》, 선인, 2005.

암스트롱, 찰스, 김연철·이정우 옮김, 《북조선 탄생》, 서해문집, 2006.

이신철 《북한 민족주의운동 연구》, 역사비평사, 2008.

이종석, 《조선노동당연구》, 역사비평사, 1995.

이주철, 《조선로동당 당원조직 연구 1945~1960》, 선인, 2008.

정창현, 《인물로 본 북한현대사》, 민연, 2002.

● 미군정기의 경제와 사회

공제욱, 《1950년대 한국의 자본가 연구》, 백산서당, 1995.

김기원, 《미군정기의 경제구조—귀속기업체의 처리와 노동자 자주관리운동을 중심으
로》, 푸른산, 1990.

김상숙, 《10월항쟁: 1946년 10월 대구, 봉인된 시간 속으로》, 돌베개, 2016.

박영기·김정한, 《한국노동운동사 3—미군정기의 노동관계와 노동운동: 1945~1948》,
지식마당, 2004.

이대근, 《해방후·1950년대의 경제—공업화의 사적 배경 연구》, 삼성경제연구소, 2002.

이혜숙, 《미군정기 지배구조와 한국사회》, 선인, 2008.

정해구, 《10월 인민항쟁 연구》, 열음사, 1988.

홍성찬 엮음, 《농지개혁 연구》, 연세대학교출판부, 2001.

● 단정노선과 통일노선의 갈등

김동춘 엮음, 《한국현대사연구 I》, 이성과현실사, 1988.

도진순, 《한국민족주의와 남북관계》, 서울대학교출판부, 1997.

서중석, 《한국현대민족운동연구》, 역사비평사, 1997.

심지연, 《미소공동위원회연구》, 청계연구소, 1989.

안진, 《미군정과 한국의 민주주의》, 한울, 2005.

이수인 엮음, 《한국현대정치사1》, 실천문학사, 1989.

정병준, 《몽양여운형평전》, 한울, 1995.

_____, 《우남 이승만 연구》, 역사비평사, 2005.

정용욱, 《해방 전후 미국의 대한정책》, 서울대학교출판부, 2003.

● 남북연석회의와 4·3사건

김구, 도진순 주해, 《백범일지》, 돌베개, 2002.

김남식, 《남로당 연구 1~3》, 돌베개, 1984.

도진순, 《한국민족주의와 남북관계》, 서울대학교출판부, 1997.

서중석, 《한국현대민족운동연구: 해방후 민족국가건설운동과 통일전선》, 역사비평사,
　　　1993.

서중석, 우사연구회 엮음, 《남·북 협상: 김규식의 길, 김구의 길》, 한울, 2002.

양정심, 《제주 4·3항쟁 연구》, 선인, 2008.

이신철, 《북한민족주의운동 연구》, 역사비평사, 2008.

정용욱, 《해방 전후 미국의 대한정책》, 서울대학교출판부, 2004.

제민일보 4·3취재반, 《4·3은 말한다 1~6》, 전예원, 1993~1994.

제주 4·3사건 진상규명 및 희생자명예회복위원회 엮음, 《(제주 4·3사건)진상조사보고
　　　서》, 제주 4·3사건 진상규명 및 희생자명예회복위원회, 2003.

● 이승만 정권의 불안한 출발

국사편찬위원회, 《한국사 52 — 대한민국의 성립》, 2002.

김득중, 〈1948년 제헌국회의원 선거과정〉, 《사림》 10, 1994.

김수자, 《이승만의 정권초기 권력기반 연구》, 경인문화사, 2005.

대한민국 국회 사무처, 《국회사: 제헌국회, 제2대국회, 제3대국회》, 광명인쇄공사, 1971.

백운선, 〈제헌국회내 '소장파'에 관한 연구〉, 서울대학교 박사학위논문, 1992.

서중석, 《한국현대민족운동 연구 2》, 역사비평사, 1996.

이강수, 《반민특위연구》, 나남, 2003.

임영태, 《대한민국50년사 1》, 들녘, 1998.

중앙선거관리위원회, 《대한민국선거사》 1집, 보진재, 1973.

허종, 《반민특위의 조직과 활동 — 친일파 청산 그 좌절의 역사》, 선인, 2003.

● 한국전쟁의 전개 과정과 영향

국방군사연구소, 《한국전쟁 상》, 신오성, 1995.

김광운, 《북한정치사연구》, 선인, 2004.

김영호, 《한국전쟁의 기원과 전개과정》, 두레, 1998.

김학준, 《한국전쟁: 원인, 경과, 휴전, 영향》, 박영사, 1989.

도진순, 《한국민족주의와 남북관계》, 서울대학교출판부, 1997.

박명림, 《한국전쟁의 발발과 기원 1, 2》, 나남출판, 1996.

박태균, 《한미 관계의 두 신화》, 창비, 2006.

스툭, 윌리엄, 서은경 옮김, 《한국전쟁과 미국의 외교정책》, 나남, 2005.

양영조, 《한국전쟁과 동북아 국가정책》, 선인, 2007.

와다 하루끼, 서동만 옮김, 《한국전쟁》, 창작과비평사, 1999.

이완범, 《한국전쟁: 국제전적 조망》, 백산서당, 2000.

장준익, 《북한인민군대사》, 서문당, 1991.

정병준, 《38선 충돌과 전쟁의 형성》, 돌베게, 2006.

정용욱, 《해방 전후 미국의 대한정책》, 서울대학교출판부, 2003.

조성훈, 《한국전쟁과 포로》, 선인 2010.

커밍스, 브루스, 김동로 외 옮김, 《한국현대사 상, 하》, 청사, 2001.

코르트고프, 이건주 옮김, 《스탈린과 김일성 1》, 동아일보사, 1992.

한국역사연구회 현대사분과 엮음, 《역사학의 시선으로 읽는 한국전쟁》, 휴머니스트,
  2010.

한국전쟁학회 엮음, 《한국현대사의 재조명》, 명인문화사, 2007.

연표

'조선공산당 북부조선분국' 창설 결정

	10월 16일	이승만 귀국
	11월 5일	조선노동조합전국평의회 결성
	11월 23일	김구·대한민국임시정부 1진 귀국
		신의주에서 반공봉기 발생
	12월 6일	미군정, 모든 적산을 미군정에 귀속
	12월 8일	전국농민조합총연맹 조직
	12월 16~25일	모스크바3상회의 개최
	12월 28일	모스크바3상회의 결과 발표
	12월 30일	신탁통치 반대 국민총동원위원회 결성
1946년	1월 1일	좌익 계열, 민족통일전선 결성 주장
	1월 4일	임정 계열, 비상정치회의 소집
	1월 25일	미군정, 미곡수집령 공포
	2월 8일	북조선임시인민위원회 출범
	2월 14일	남조선대한국민대표민주의원 설치
	3월 5일	북조선토지개혁에 대한 법령 공포
	3월 20일	제1차 미소공동위원회 개최
	5월 8일	제1차 미소공동위원회 결렬
	5월 25일	좌우합작운동 시작
	6월 3일	이승만 정읍발언 발표
	6월 30일	존 하지, 합작지지성명 발표
	8월 10일	주요산업국유화 법령 공포
	9월 23일	부산철도노동자들 전면 파업
		9월총파업 시작
	10월 1일	대구에서 항쟁 시작, 이후 전민항쟁으로 확대
	10월 4일	공산당과 한민당, 합작 7원칙 결정
	10월 23일	한미공동회담 시작
	11월 3일	북조선 도·시·군 인민위원회 위원 선거 실시

	3월 8일	김구, 남북협상 제의
	3월 12일	7거두성명 발표, 단독선거 불참 선언
	3월 22일	미군정, 중앙토지행정처 설치
	4월 3일	제주 4·3사건 발생
	4월 8일	중앙토지행정처, 귀속농지 분배 시작
	4월 19일	제1차 남북연석회의 시작
	4월 30일	남북조선 정당 사회단체 공동성명서 발표
	5월 10일	남한 단독선거인 제1대 국회의원 선거 실시
	5월 11일	미군정, 제주도 진압을 위해 11연대 파견
	5월 19일	입법의원 해산
	5월 31일	제헌국회 개원
	6월 18일	제주도 제9연대장 박진경 대령 암살 사건 발생
	6월 29일	제2차 남북연석회의 김구와 김규식을 배제하고 개최
	7월 15일	남로당 남쪽에서 대의원 지하선거 실시(8월 10일까지)
	7월 20일	이승만, 대통령에 선출
	8월 2일	국회, 이범석 국무총리 승인 요청안 가결
	8월 15일	대한민국 정부 수립
	8월 25일	북, 최고인민회의 대의원선거 실시
	9월 7일	국회, 반민족행위자처벌법 의결
	9월 8일	최고인민회의 제1차 회의에서 헌법안 채택
	9월 9일	조선민주주의인민공화국 수립
	10월 19일	여수·순천 사건 발생
	11월 17일	제주도에 계엄령 선포
	12월 1일	국회, 국가보안법 공포
	12월 12일	유엔총회에서 대한민국의 수립과 점령군의 철수 결의
1949년	1월 6일	반민특위, 민족반역자 명단 작성 시작
	2월 15일	이승만, 반민특위 활동 공격
	5월 4일	292고지에서 남북한군 충돌, 5월전투 시작

	7월 27일	휴전협정 조인, 한국군 불참
1954년	5월 20일	제3대 국회의원 총선거
	11월 27일	초대 대통령의 무제한 중임 개헌안 의결, 사사오입
1956년	5월 5일	민주당 대통령 후보 신익희 사망
	5월 15일	제3대 정부통령 선거 실시
	8월 13일	제2대 지방선거 실시
	11월 10일	조봉암, 진보당 창당
1958년	5월 2일	제4대 국회의원 총선거
	12월 24일	이승만 정부, 국가보안법 개정안 의결
1959년	4월 30일	이승만 정부, 경향신문 폐간
1960년	3월 15일	제4대 정부통령 선거
		이승만 대통령 당선
		마산봉기
	4월 11일	김주열 시신 발견
	4월 19일	대규모 시위 시작
		피의 화요일
	7월 29일	국회의원 총선거 실시
	8월 19일	장면 정부 출범
	10월 18일	신민당 창당
1961년	5월 3일	서울대 민통련, 남북학생회담 제안
	5월 16일	5·16군사쿠데타 발생
	5월 18일	국가재건최고회의 조직
1962년	11월 12일	김종필과 오히라, 대일청구권 문제 합의
	12월 27일	박정희 최고회의 의장 대통령 출마 선언
1963년	2월 26일	민주공화당 창당
	12월 17일	박정희 제5대 대통령 취임
1964년	6월 3일	비상계엄령 선포
	8월 14일	중앙정보부, 제1차 인민혁명당 사건 내용 발표

	9월 15일	KAL빌딩 노동자 난입 사건
1976년	8월 18일	판문점 도끼 만행 사건
1977년	11월 11일	이리역 화약 폭발 사고
	12월 22일	수출 100억 달러 달성 발표
1978년	2월 21일	동일방직 사건 발생
	12월 12일	총선에서 야당이 득표율에서 여당에 승리
1979년	8월 9일	YH무역 여공 농성
	10월 16일	부마항쟁
	10월 26일	박정희, 김재규에게 피살
	12월 12일	12·12쿠데타 발발
1980년	5월 15일	전국 대학생 10만여 명 서울역에서 시위 전개
	5월 17일	비상계엄령 선포
		김대중 내란음모 사건
	5월 18일	광주민주항쟁 시작
	8월 27일	전두환, 대통령 취임
1981년	5월 28일	국풍81 개최
	9월 30일	88서울올림픽 유치
1982년	1월 5일	야간통행금지 해제
	3월 27일	프로야구 출범
1983년	6월 3일	KBS, 이산가족찾기 방송 시작
	9월 1일	대한항공 여객기 소련 공군 전투기에 의해 격추
	9월 30일	민주운동청년연합 결성
1985년	2월 12일	제12대 국회의원 총선거 실시
		7월 구로지역 노동자 연대파업 전개
	5월 27일	남북적십자회담
	9월 20~23일	이산가족 상호 방문
1986년	1월 20일	북한, 팀스피리트 훈련 강행을 이유로 회담 중단 선언
	5월 3일	인천에서 개헌추진위원회 경기지부 결성식 개최

	11월 23일	북한의 연평도 포격 도발
2011년	12월 19일	김정일 국방위원장 사망
2012년	2월 29일	북미고위급회담 결과(2·29 합의) 동시 발표
	4월 11일	김정은, 노동당 제1비서 취임
2013년	2월 25일	박근혜 대통령 취임
	3월 31일	북한 노동당 전원회의 개최해 '경제 핵무력 병진 노선' 채택
2014년	1월 6일	박근혜 대통령 '통일은 대박' 기자회견
		설 계기 이산가족 상봉 제안
	2월 20~25일	남북 이산가족 상봉 행사 진행
	4월 16일	세월호 침몰 사건 발생
2015년	3월 3일	'부정청탁·금품수수 금지법'(일명 김영란법) 국회 통과
	8월 25일	남북 고위당국자 접촉 타결.
		북한 준전시상태 해제, 남한 대북확성기 방송 중단
	10월 12일	교육부, 국정 한국사 교과서 발행 계획 공식 발표
2016년	2월 10일	박근혜 정부, 개성공단 전면중단 발표
	5월 6~9일	북한, 조선노동당 7차대회 개최하고 김정은을 당 위원장으로 추대
	10월 29일	박근혜 퇴진 1차 시민촛불 집회 개최
2017년	3월 10일	헌법재판소, 박근혜 탄핵심판 선고
	5월 9일	제19대 대통령 선거에서 문재인 후보 당선
2018년	4월 9일	이명박 전 대통령 구속
	4월 27일	3차 남북정상회담 판문점에서 개최
	5월 26일	4차 남북정상회담 판문점에서 개최
	6월 12일	싱가포르에서 첫 북미정상회담 개최

찾아보기

한국현대사 1 – 해방과 분단, 그리고 전쟁

- ⊙ 2018년 9월 12일 초판 1쇄 발행
- ⊙ 2024년 11월 25일 초판 9쇄 발행
- ⊙ 글쓴이   정병준·정용욱·김광운·정창현·안김정애·기광서·
            정진아·김보영·노영기·김수자·양영조
- ⊙ 발행인   박혜숙
- ⊙ 펴낸곳   도서출판 푸른역사

  우) 03044 서울시 종로구 자하문로8길 13
  전화: 02)720–8921(편집부) 02)720–8920(영업부)
  팩스: 02)720–9887
  선자우편: 2013history@naver.com
  등록: 1997년 2월 14일 제13–483호

ISBN   979–11–5612–119–0 94900
(세트) 979–11–5612–043–8 94900

· 잘못 만들어진 책은 교환해드립니다.